Prix : 60 centimes

AUTEURS CÉLÈBRES

Charles DESLYS

LES BUTTES CHAUMONT

PARIS
MARPON ET E. FLAMMARION
ÉDITEURS
26, RUE RACINE, PRÈS L'ODÉON

AVIS DES ÉDITEURS

Le but de la collection des *Auteurs célèbres à* **60** *centimes* est de mettre entre toutes les mains de bonnes éditions des meilleurs écrivains modernes et contemporains.

Sous un format commode et pouvant en même temps tenir une belle place dans toute bibliothèque, il paraît chaque semaine un volume.

CHAQUE OUVRAGE EST COMPLET EN UN VOLUME

1re SÉRIE

Nos 1. CAMILLE FLAMMARION, **Lumen.**
2. ALPHONSE DAUDET, **La Belle-Nivernaise.**
3. ÉMILE ZOLA, **Thérèse Raquin.**
4. HECTOR MALOT, **Une Bonne Affaire.**
5. ANDRÉ THEURIET, **Le Mariage de Gérard.**
6. L'ABBÉ PRÉVOST, **Manon Lescaut.**
7. EUGÈNE CHAVETTE, **La Belle Alliette.**
8. G. DUVAL, **Le Tonnelier.**
9. MARIE ROBERT-HALT, **Histoire d'un Petit Homme** (Ouvrage couronné par l'Académie française).
10. B. DE SAINT-PIERRE, **Paul et Virginie.**

2e SÉRIE

Nos 11. CATULLE MENDÈS, **Le Roman Rouge.**
12. ALEXIS BOUVIER, **Colette.**
13. LOUIS JACOLLIOT, **Voyage aux Pays Mystérieux.**
14. ADOLPHE BELOT, **Deux Femmes.**
15. JULES SANDEAU, **Madeleine.**
16. LONGUS, **Daphnis et Chloé.**
17. THÉOPHILE GAUTIER, **Jettatura.**
18. JULES CLARETIE, **La Mansarde.**
19. LOUIS NOIR, **L'Auberge Maudite.**
20. LÉOPOLD STAPLEAUX, **Le Château de la Rage.**

3e SÉRIE

Nos 21. HECTOR MALOT, **Séduction.**
22. MAURICE TALMEYR, **Le Grisou.**
23. GŒTHE, **Werther.**
24. ED. DRUMONT, **Le Dernier des Trémolin.**
25. VAST-RICOUARD, **La Sirène.**
26. G. COURTELINE, **Le 51e Chasseurs.**
27. ESCOFFIER, **Troppmann.**
28. GOLDSMITH, **Le Vicaire de Wakefield.**
29. A. DELVAU, **Les Amours buissonnières.**
30. E. CHAVETTE, **Lilie, Tutue, Bébeth.**

4e SÉRIE

Nos 31. ADOLPHE BELOT, **Hélène et Mathilde.**
32. HECTOR MALOT, **Les Millions honteux.**
33. XAVIER DE MAISTRE, **Voyage autour de ma Chambre.**
34. ALEXIS BOUVIER, **Le Mariage d'un Forçat.**
35. TONY RÉVILLON, **Le Faubourg Saint-Antoine.**
36. PAUL ARÈNE, **Le Canot des six Capitaines.**
37. CH. CANIVET, **La Ferme des Gohel.**
38. CH. LEROY, **Les Tribulations d'un Futur.**
39. SWIFT, **Voyages de Gulliver.**
40. RENÉ MAIZEROY, **Souvenirs d'un Officier.**

5e SÉRIE

Nos 41. ARSÈNE HOUSSAYE, **Lucia.**
42. **La Chanson de Roland.**
43. PAUL BONNETAIN, **Au Large.**
44. CATULLE MENDÈS, **Pour lire au Bain.**
45. ÉMILE ZOLA, **Jacques Damour.**
46. JEAN RICHEPIN, **Quatre petits Romans.**
47. ARMAND SILVESTRE, **Histoires Joyeuses.**
48. PAUL DHORMOYS, **Sous les Tropiques.**
49. VILLIERS DE L'ISLE-ADAM, **Le Secret de l'Échafaud.**
50. ERNEST DAUDET, **Jourdan Coupe-Tête.**

LES

BUTTES CHAUMONT

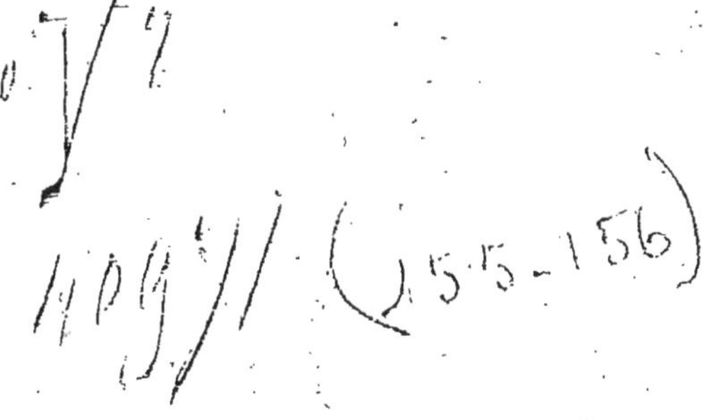

DU MÊME AUTEUR

L'ABIME

Un volume in-16 de la collection des Auteurs célèbres

PRIX : 60 CENTIMES

ÉMILE COLIN. — Imprimerie de Lagny.

CHARLES DESLYS

LES BUTTES
CHAUMONT

PARIS
C. MARPON & E. FLAMMARION, ÉDITEURS
RUE RACINE, 26, PRÈS L'ODÉON

LES
BUTTES CHAUMONT

I

BATAILLE

Une guerre dont l'histoire ne parlera pas, éclata dans la banlieue de Paris, voici près de soixante ans de cela, entre les gamins de la Villette et ceux de Belleville.

Ils s'étaient enrégimentés ; ils avaient des sabres de bois, des arcs et des frondes.

Les combats se livraient ordinairement sur les buttes Chaumont.

Ceux qui visitent aujourd'hui la magnifique promenade créée d'hier ne peuvent se figurer une aussi complète métamorphose. C'étaient alors des monticules arides, des terrains ravinés, effondrés, disloqués, tout remplis de fondrières et de crevasses. Pas de chemins ; quelques sentiers serpentaient à travers les broussailles, ou bien escaladaient les crêtes.

Vers le faubourg, à l'endroit où fut le gibet de Montfaucon, c'étaient la poudrette et l'équarrissage. Rien que des masures et des hangars. Dans le paysage ainsi que chez les gens (ils étaient rares), quelque chose de farouche et de sauvage. Çà et là des industries étranges, des repairs à vagabonds plus ou moins dangereux. En plein jour un désert ; on ne s'y hasardait pas la nuit.

En revanche, pour les chercheurs de solitude et de pittoresque, une certaine originalité, des gaietés champêtres. On y enlevait force cerfs-volants ; quelques chèvres y cabriolaient. Des joueurs de boules par-ci, des guinguettes par-là. Bref, beaucoup de promeneurs le dimanche ; ce dimanche-là surtout, un beau dimanche des premiers jours de septembre, le dimanche de la grande bataille.

A Paris, pas de spectacle qui n'ait son public, alors surtout que c'est un spectacle gratis. Figurez-vous donc, tout à l'entour de l'arène, des groupes de curieux ; dans l'intervalle, l'armée de La Villette manœuvrant d'un côté ; de l'autre, les jeunes Bellevilliens.

Ces derniers s'agitaient, impatients, furieux. Leur chef était en retard.

Déjà toutes sortes d'apostrophes et d'invectives se croisaient dans l'air :

— Trahison !!! c'est un déserteur !!! il caponne ! dégradons-le ! à bas le capitaine !!!

Tout à coup, bondissant d'une crête voisine, le capitaine lui-même tomba fièrement au milieu de ses soldats révoltés.

— Présent ! me voici ! Qui doute encore du capitaine Barnabin... surnommé Rataplan !

C'était un vrai gamin de Paris, maigre, alerte, effronté, fanfaron, gouailleur, le nez retroussé, des yeux vifs, de longs cheveux châtains qui flottaient au vent. Dans l'allure comme dans la physionomie, de l'intelligence et de la spontanéité, quelque chose d'intrépide et de franc qui faisait plaisir à voir : mauvaise tête et bon cœur.

A sa blouse débraillée, on voyait maint accroc, force taches ; dans sa ceinture une sorte de batte d'arlequin : son épée de commandant. Sur la tête brillait un shako de carton, galonné de papier doré, avec un grand plumet rouge.

Il était tout essoufflé, tout ébouriffé.

On l'acclama.

— Merci, dit-il ! merci, mes enfants. Faut pas m'en vouloir, c'est la faute à maman ! Pauvre mère !... Est-ce qu'elle ne m'avait pas consigné, enfermé ? Quatre étages, excusez du peu ! Mais moi, pas bête, j'ai mis en réquisition les rideaux, les couvertures, les persiennes, les tuyaux, les plombs, et dégringolé jusqu'en bas comme un chien de gouttière. Il y allait de mon honneur !

Toute la bande aussitôt s'écria :

— Bravo ! Vive Barnabin ! vive Rataplan ! vive le capitaine !

Lui, calmant l'enthousiasme avec un geste héroïque :

— Assez causé, dit-il. Le moment d'agir est venu. Laissez-moi promener mon coup d'œil d'aigle sur le champ de bataille.

Il s'était dressé sur ses ergots comme un jeune coq ; et des deux mains se faisant un abat-jour, il inspectait le panorama des buttes inondées de soleil.

Ses soldats, immobiles et béants, s'étaient écartés devant lui, attendant ses ordres.

Un peu plus loin, quelques badauds regardaient, observant aussi le silence.

Tout à coup, au milieu de ce silence, une cornemuse retentit, accompagnée par les roulements et les timballettes d'un tambour de basque.

C'étaient deux musiciens ambulants, deux jeunes pifferari, fille et garçon.

Leur costume italien très fané, très usé, attestait maints voyages et maints orages.

Ils étaient gracieux et beaux tous les deux, mais d'une beauté toute différente.

La fillette, douze ou treize ans tout au plus, avait le teint très brun, le type méridional, de grands yeux noirs ; une vraie bohémienne.

Son compagnon paraissait avoir quatre ou cinq années de plus. Il était grand, élancé. Ses traits réguliers, sa pâleur lui donnaient un certain air de distinction native. Il avait les cheveux blonds et les yeux bleus. Ce devait être un gitano de hasard, non pas de naissance. Sa physionomie exprimait l'étonnement, la naïveté. C'était évidemment un rêveur, peut-être même un innocent. Certainement, c'était sa jeune camarade qui le guidait et le protégeait.

Elle était charmante à voir sous son pittoresque costume de jeune Calabraise. Le tambour de basque tapageait et voltigeait autour de sa brune tête, où tout brillait et souriait à la fois, les yeux, les dents et les lèvres, tandis qu'elle dansait et prenait des attitudes, développant ainsi la vive désinvolture de ses membres assouplis, de sa taille nerveuse et preste. Elle se complaisait à ce mouvement, elle s'enivrait de ce bruit. L'autre, au contraire, cornemusait indifféremment, les yeux perdus dans le ciel.

Cependant le capitaine Barnabin haussant l'épaule et frappant du pied :

— Assez ! commanda-t-il. Ce vacarme trouble mon inspiration. Silence !

Et tous les autres polissons de s'écrier en chœur :

— A bas la musique !

Les deux musiciens s'arrêtèrent aussitôt, le garçon, sans regret, la fillette, avec chagrin.

Elle pensait à la recette perdue. Pas de musique, pas d'argent ; pas d'argent, pas de pain !

Il fallait donc cependant tenter la fortune. Retournant son tambour de basque, elle s'en fut quêter à la ronde.

Il s'ensuivit quelques rebuffades, mais aussi quelques sous. C'en fut assez pour la remettre en joie.

Elle s'empressa de rejoindre son compagnon, et, dans cette harmonieuse langue italienne, si caressante et si douce :

— Noël, lui dit-elle, tu dois avoir faim. Viens avec Pepita ! Viens-tu ?

A la première question, Noël avait répondu par un signe de tête affirmatif. De la même façon, mais négativement, il répondit à la seconde.

Pepita sourit, et d'une voix câline, comme parlant à un enfant :

— Je devine, ce spectacle t'amuse. Eh bien, reste ici, assieds-toi là. Je cours aux provisions et je reviens. Tu m'attendras, n'est-ce pas ? A bientôt !

Et bondissant comme une gazelle, elle disparut.

Pendant cette scénette, le capitaine Barnabin avait arrêté son plan ; il commença ainsi sa harangue :

— Jeunes Bellevilliens, ce soleil qui brille sur vos têtes, c'est celui d'Austerlitz ! Du haut des buttes Chaumont, tout Paris vous contemple ! Sonnez clairons ! Battez tambours !

Mais s'interrompant tout à coup et d'un ton naturel :

— Ça nous manque, la musique militaire. Ah ! quelle idée ! Si nous prenions le cornemuseux ? Nous aurions l'air d'un clan écossais. On a lu Walter Scott !

Puis, courant au pifferaro, lui montrant une pièce de cinquante centimes :

— Veux-tu nous guider à la gloire, dis ?

Noël le regardait, souriant, mais immobile.

— Es-tu sourd ? dit Rataplan, qui s'impatientait déjà.

Du geste, l'Italien répondit :

— Non.

— Alors, réponds-moi, que diantre ?

Il ouvrit la bouche et fit entendre quelques sons inarticulés.

Il était muet.

— Pauvre garçon ! reprit Barnabin, puisque ça ne t'empêche pas de cornemuser, accepte ma pièce blanche et viens avec nous. Aurais-tu peur ?

Noël se redressa spontanément. Son regard, son attitude, tout son être avaient protesté.

— Tu acceptes donc ?

— Oui.

— Hourrah !... Bravo ! crièrent tous les soldats.

— En avant ! commanda le capitaine.

Et le clan s'avança précédé de Noël sonnant du pibroch.

Déjà l'ennemi s'approchait poussant de formidables clameurs. Bientôt des pierres et des flèches sifflèrent dans l'air. Le combat s'engageait.

Tout à coup un cri d'angoisse et d'effroi retentit. C'était Pepita.

Elle accourait ; elle se précipita au cou de Noël, lui faisant un rempart de son corps. Puis, en mauvais français mêlé d'italien :

— Non ! non ! je ne veux pas. Oh ! les méchants !

Je t'en prie, Noël, viens ! Tu sais ce que j'ai promis, et...

Elle n'acheva pas : une pierre l'atteignit à la tête.

— Ah ! tu vois bien, Noël... ils te tueraient !

La pauvre enfant fut saisie d'un spasme douloureux. Le sang avait jailli de son front. Toute frémissante, elle se renversa en arrière. Elle serait tombée sans le secours de Noël, qui, consterné, désespéré, plus pâle que la blessée elle-même, se laissait aller sur les genoux, la tenant dans ses bras.

— Pauvre petite ! murmura Barnabin tout repentant, tout attendri. Mais qui va la secourir, lui donner asile ?

Un homme s'avança et répondit :

— Moi !

C'était un grand vieillard à l'aspect étrange, au regard doux et bon.

Il frappa sur l'épaule de Noël et lui dit en italien :

— Venez, nous aurons soin d'elle. Ayez confiance.

— Ah ! s'écria Barnabin, c'est bien de votre part, papa Robinson. Merci ! J'irai savoir des nouvelles après la bataille.

Noël, portant Pepita comme une enfant endormie, s'était relevé, se mettait en marche.

Il suivait le vieillard qu'on venait d'appeler Robinson.

II

ROBINSON

Malgré la transformation des buttes on y parle encore du père Robinson : c'est un personnage légendaire.

Figurez-vous un vieillard sec et droit, portant haut sa tête, fortement caractérisée. Le visage semblait de bronze : une terrible balafre le coupait en deux. Le regard brillait, vif et narquois, sous de gros sourcils en broussailles. Sa coiffure était un bonnet de police de haute forme, comme ceux de la vieille garde. Evidemment, c'était un ancien soldat, un ex-grognard, Charlet l'eût pris pour modèle.

Sa longue barbe d'un blanc argent, légèrement nuancée, le faisait rechercher par les artistes ayant à peindre des patriarches ou des prophètes. D'autre part, il était chiffonnier ; c'était un indépendant, un philosophe.

Depuis quelque quinze ans qu'il était devenu l'hôte

des buttes Chaumont, on n'avait rien appris de son passé. En arrivant, il avait dit : « Je m'appelle Jacques. » Bientôt, en raison de sa vie solitaire, on le surnomma Robinson ; puis, l'âge arrivant, le père Robinson. Son chien s'appelait Vendredi.

Ils étaient aussi sauvages l'un que l'autre. L'animal, un vieux bardache noir, ne se laissait guère approcher. L'homme ne souffrait pas qu'on s'occupât de lui. En revanche, il ne se souciait pas des autres. Quand la fantaisie lui prenait de causer, ce qui était rare, on s'apercevait aussitôt qu'il avait de l'éducation, des connaissances variées, du style. Il parlait plusieurs langues ; il avait beaucoup voyagé, voire même dans les pays lointains, en Egypte, en Russie, au diable. On le supposait quelque peu sorcier.

Quoique misanthrope et pauvre, il aimait à rendre service. Sa probité était devenue proverbiale. Les vagabonds, les rôdeurs d'alentour le choisissaient au besoin pour arbitre, et le proclamaient comme oracle. C'était leur doyen, leur ami, mais de ceux-là seulement qui se contentaient d'être des bohémiens inoffensifs. Quant aux malfaiteurs, il savait les deviner ; son regard seul les tenait à distance.

Tel était ce mystérieux personnage. Il habitait par delà les carrières d'Amérique, au milieu de terrains boisés, une sorte de masure recouverte tant bien que mal d'un toit de chaume.

Le soir de la bataille, vers les onze heures, la porte de ce réduit s'ouvrit lentement.

Le père Robinson sortit, regarda au dehors.

C'était une belle nuit, resplendissante d'étoiles. La lune inondait tous les alentours d'une lumière bleuâtre, et, par l'effet des ombres, grandissait les objets.

Les buttes semblaient des montagnes. Çà et là, sur un mamelon, la lueur rouge d'un four à plâtre.

Le vieillard fit quelques pas, se pencha sous un appentis où se trouvaient sa hotte, son crochet, sa lanterne. Il disposa tout pour l'excursion nocturne. Puis, se retournant vers la porte encore entr'ouverte, avant de la fermer tout à fait, il jeta un dernier regard dans l'intérieur.

Là, sur une couche de feuilles sèches et de bruyères, Pepita dormait, sous le regard vigilant de Noël.

Il se tenait à genoux auprès de sa compagne blessée. De temps en temps, à l'aide d'un peu d'eau fraîche, il humectait le bandeau ensanglanté qui recouvrait son front pâle. Jusque dans le sommeil, elle lui souriait, comme voulant le rassurer encore. Elle tenait une de ses mains pour qu'il ne la quittât pas. Il n'avait garde de bouger, il la réveillerait !

— Pauvres enfants ! murmura le vieux Jacques, le même coup les a frappés tous les deux. Deux agneaux ! si loin de leur pays, sans parents, sans argent ! Ah ! je regrette parfois d'être pauvre !...

Soudainement, une main le toucha à l'épaule, une voix lui dit :

— Je suis riche, moi. Que te faut-il, Jacques ?

Déjà celui-ci s'était retourné. Un homme à peu près de son âge était devant lui, vêtu de deuil. Sur son visage, un visage pâle et doux, se lisait une grande douleur.

— Bonsoir, André ! dit Jacques en lui serrant la main.

Entre ces deux hommes, maintenant séparés par un abîme social, se devinait une ancienne et sincère amitié.

— Encore une bonne action, dit le riche. Oh ! mais, je veux en être de celle-là. Tiens... prends.

Il cherchait sa bourse. Le vieux bohémien l'arrêta.

— Tu le sais bien, ami, le seul argent que j'accepte, c'est celui que j'ai gagné.

— Eh ! ce n'est pas pour toi ; c'est pour ces enfants !

— Soit, mais rien qu'une pièce de cinq francs pour chacun. Leur pauvreté, c'est leur liberté. Ce sont deux oiseaux de passage. N'alourdissons pas leur vol.

— Je te prends au mot ! Voici deux louis, ça sera moins lourd.

Jacques accepta.

— Merci pour eux ! Je reconnais-là ton bon cœur, André. Veux-tu les voir ?

— Non. Tout à l'heure, derrière la masure, par la vitre enchâssée dans la muraille, je les regardais. Le garçon, surtout... celui qui a les cheveux blonds et les yeux bleus... Ah ! Jacques, Jacques ! mon fils avait ces yeux-là, mon fils aurait cet âge !

Le visage d'André s'assombrit de nouveau. Tout son être frissonna douloureusement. Ses yeux désespérés se levèrent vers le ciel. Il chancela...

— André ! s'écria son compagnon qui l'avait soutenu, le serrant dans ses bras, André ! mon pauvre André ! mais tu ne te consoleras donc jamais ?

— Jamais !

Il y eut un silence. André s'étant assis, se laissait envahir par une morne torpeur. Bientôt, sur son pâle visage, une larme silencieuse descendit.

— Voyons, reprit Jacques, sois raisonnable. Il y a quinze ans... Oublie !

— As-tu donc oublié, toi? demanda sévèrement André.

— Non pas! se récria Jacques, qui releva fièrement la tête. Oh! que non pas! Je me souviens... Je veille.

— C'est que tu peux encore la protéger... elle existe ; mais celui que je regrette, il est mort! Il est dans le ciel avec sa mère. Je les ai perdus pour jamais... pour jamais!

Et le désolé vieillard, étouffant un sanglot, disparut dans la nuit.

Un instant, Jacques le regarda s'éloigner, tout ému d'une commisération profonde.

Puis, tout en s'attifant de son attirail, il fit entendre un sifflement aigu.

Un aboi lointain répondit. Les herbes et les broussailles s'agitèrent, traversées par une course rapide. Vendredi parut, sautant joyeusement autour de son maître.

— Non, fit celui-ci, tu ne viens pas avec moi cette nuit. Je te place en faction devant cette porte, avec consigne de ne laisser approcher personne. Tu m'entends, Vendredi, personne!

Vendredi, bien que désappointé tout d'abord, alla s'accroupir sur le seuil afin de prouver à son maître qu'il avait compris.

Le père Robinson descendit vers Paris.

Deux heures plus tard il s'arrêtait devant la façade d'un riche hôtel, étincelant de mille feux.

Il y avait bal.

Le vieux chiffonnier s'assit en face, sur une borne, bien dans l'ombre, et de là, se complaisant aux harmonies de l'orchestre, souriant aux gracieuses ombres qui passaient et repassaient derrière les rideaux.

Chère enfant! murmura-t-il, elle est heureuse! Elle danse!

III

LE FOUR A PLATRE

Une immense toiture noircie par la fumée qui s'en échappe nuit et jour; sous ce vaste hangar, des entassements de plâtras, ceux-ci déjà refroidis, ceux-là se calcinant à la flamme des brasiers entretenus à leur base ; en face, un moulin qui les broie, des sacs qui les reçoivent et des charrettes qui les emportent ; beaucoup de poussière et de fagots, voilà ce qu'est un four à plâtre.

Le lendemain matin, devant les feux, quelques pauvres diables sommeillaient encore lorsque parut Barnabin, grignotant une pomme verte.

— C'est ici le palais de la Belle au bois dormant, dit-il, moins la princesse!... Quel logis! quel dortoir! Pas de propriétaire, ni de portier; c'est tout bénéfice. Quant à la société, peu choisie, mais presque honnête. Je reconnais celui-ci, c'est un marchand de peaux de lapin... Celui-là, un dentiste en plein vent... les autres, des ramasseurs de bouts de cigares. Décidément, mon bonhomme n'est pas ici. Passons dans l'autre alcôve.

Là, dès le premier regard, il aperçut le père Robinson, calme et la tête appuyée sur Vendredi, qui ne dormait que d'un œil.

— Le voilà ! dit Rataplan ; mais ne le dérangeons pas. Si le vieux a couché à l'auberge de la Belle-Etoile, c'est pour céder sa baraque à plus pauvre que lui. J'ai compris ça en passant. Sans asile par charité ! Respect et silence !

Il attendit, tout en examinant deux autres dormeurs qui se trouvaient là.

Du premier, on ne distinguait que les jambes. Toute la partie supérieure du corps, y compris la tête, était enveloppée dans un manteau à triple collet.

— Quel luxe ! pensa Barnabin. Un carrick... et des bottes qui n'ont pas encore trop envie de rire. Ce n'est pas un habitué.

L'inconnu éternua.

— A preuve, poursuivit Barnabin, qu'il est encore sensible aux courants d'air. Mais comme il gigote, comme il se démène... Oh ! oh ! prends donc garde, l'homme au carrick, ou tu vas rouler dans la ruelle. Tiens, le carrick s'entr'ouvre. Coucou, le voilà !... Quelle vilaine figure ! J'ai vu le diable !

En effet, le visage entrevu était loin d'être sympathique : un teint blafard, des traits repoussants, une horrible grimace. Et cependant l'homme au carrick dormait ; que devait-il être au réveil !

Notre gamin s'éloignait, continuant son monologue :

— Il a le cauchemar. Ah ! ce n'est pas comme papa

Robinson, ou bien encore cet autre qui ronfle là-bas. Justes dieux! c'est Polydore, la basse-taille du théâtre de Belleville!

L'apprenti chanteur était jeune, très grand, très long, très maigre ; ses jambes n'en finissaient plus. Son formidable nez faisait entendre un ronflement plus formidable encore. La voix devait être à l'avenant : une contre-basse.

Rataplan tournait autour de lui, le contemplant avec une gouaillerie contenue, presque respectueuse.

Le gamin de Paris, très respectueux de son maître, respecte le comédien.

— Par le dieu de la musique! dit-il, ce semblant de couverture dans lequel il s'est drapé, c'est son manteau couleur de muraille de *Montano et Stéphanie.* Pas gêné, Polydore! il prend sa literie dans les magasins des frères Sevestre. Mais quel est donc ce papier attaché avec une épingle... Il y a quelque chose d'écrit dessus. Déchiffrons la pancarte.

Barnabin se pencha pour mieux voir, et, les deux mains sur ses genoux, il lut cet avertissement :

— Prière à quiconque de me réveiller avant neuf heures. Je répète à dix, et joue, ce soir, le sénéchal de *Jean de Paris.*

Rataplan éclata de rire.

— Avant neuf heures! Trop de confiance en quiconque! Holà, hé! monsieur le sénéchal...

C'est la princesse de Navarre
Que je vous annonce en ces lieux...

Polydore se dressa soudain.

— Qui est-ce qui me prend mon rôle?

— Ça pourrait bien vous arriver, vu le retard, monseigneur.

— Hein ! quoi ! quelle heure est-il ?

— Midi.

— Midi ! Bigre ! je vais être à l'amende. C'est dur quand on n'émarge que trente francs par mois. Mais bast ! l'avenir est à moi... J'ai du creux.

— L'estomac ?

— Le larynx ! le diamant ! *Fa, fa...* j'ai mon *fa*, c'est l'essentiel. Merci, Barnabin, je me sauve.

— M'sieu Polydore, au moins, vous me ferez entrer ce soir dans les coulisses ?

Déjà la basse-taille était loin, chantant à pleine voix ce couplet de *Robin des Bois*.

L'amour, le jeu, le bon vin,
Voilà mon joyeux refrain
Et ma philosophie, ie, ie...

Comme pour applaudir, une mine fit explosion dans la carrière.

L'homme au carrick sauta sur ses deux pieds, livide et palpitant d'effroi.

Barnabin, avec un gracieux salut :

— Rassurez-vous, lui, dit-il, ce n'est pas la gendarmerie.

Puis, remarquant un nouveau détail caractéristique dans la laideur de l'inconnu :

— Complet ! s'écria-t-il ; il est borgne !

Le borgne eut une exclamation de colère, un geste de menace. Puis, avec le grognement et l'allure d'un sanglier déguerpissant de sa bauge, il disparut.

— Quel est cet homme? demanda le père Robinson qui se réveillait enfin.

— Connais pas, et je m'en flatte ! répliqua le gamin en faisant le salut militaire. Bonjour, mon ancien, comment va ?

— Ah! c'est toi, Rataplan ?

— Moi-même et vainqueur ! Ceux de la Villette enfoncés, aplatis ! Nous les Bellevilliens, pour célébrer nos exploits, nous nous sommes offert un grand banquet à cinq sous par tête. Ce festival s'est prolongé assez avant dans la nuit. Voilà pourquoi je me suis réveillé tard et n'arrive que présentement pour avoir des nouvelles.

— Des nouvelles de qui ?

— De la blessée. Eh ! vous savez bien, la petite au tambour de basque ?

Robinson se souvint, voulut courir.

— Ah ! ces pauvres enfants, peut-être ont-ils besoin de moi !

Mais Barnabin l'arrêtant :

— Inutile de vous déranger, papa Robinson ; je sors de votre cahute hospitalière.

— Maladroit, tu les auras réveillés !

— Non ; la petite avait ses yeux noirs tout grands ouverts. Son frère dort. Du geste, elle m'a prié de m'éloigner sans bruit, et cela si gentiment, que je ne me le suis pas fait répéter deux fois. D'ailleurs, c'est moi qui suis cause de sa blessure, et ça me pèse là comme un remords.

— Est-ce aussi par remords que tu fais, ce matin, l'école buissonnière ?

— Tiens ! c'est vrai, j'ai encore oublié la classe.

— Tu l'oublies souvent.

— Trop souvent ! Mais on ne travaille plus ; c'est après-demain la distribution des prix.

— Et ta brave femme de mère compte sur une joie. Ah ! garnement, si elle le savait !

— Ne lui dites rien, papa Robinson ; elle en aurait trop de chagrin. Je l'aime, et fièrement encore !

— Alors, amende-toi, travaille.

— Après les vacances, parole d'honneur !

Pendant cet entretien, les chauffeurs avaient remis des bourrées dans les fours. Tout pétillait, flambait ; lorsque soudainement, sur les plâtreaux supérieurs, des cris retentirent. Une forme humaine se dressa, bondit à travers la fumée, dégringola jusqu'à terre en s'écriant :

— Ah ! minute ; trop de calorique. On rissole, on grille là-haut. Je suis fumé comme un jambon. Sufficit !

Les plâtriers riaient aux éclats.

— Tiens ! fit Barnabin, c'est Mariol.

— Eh ! oui, c'est moi... moi, Stanislas Mariol. Ayez donc confiance dans l'hospitalité des fours à plâtre ! J'arrive ce matin, ayant fêté Bacchus ; un certain frisquet, précurseur de l'aurore, éloignait Morphée de ma paupière. Je grimpe là-haut, je m'endors, et... quelques fagots de plus, j'étais cuit !

Cependant, Robinson, prenant un air sévère :

— Comment ! toi, Mariol, un homme marié ! un père de famille !

— Que voulez-vous, papa la Morale ? On n'est pas parfait. D'ailleurs, c'est une protestation contre la tyrannie.

— Que veux-tu dire ?

— A la grande usine, dont je suis le plus bel ornement, on ne paie plus le samedi, mais le lundi soir.

Vous comprenez, pour que l'ouvrier reste sobre le dimanche et ne fasse pas le lundi. Plus de lundi! voilà ce qui serait scandaleux! Forcé d'être là, de travailler pour avoir son argent! Oui, j'irai, j'y vais; mais aussitôt le saint-frusquin dans ma poche, va-t'en voir s'ils viennent! Je reprends ma dignité, mon indépendance!

— Mariol!

— Ah! vous n'avez pas le droit de gronder, papa Robinson, vous dont la devise est : Liberté, *libertas!*

— Moi, je suis seul. Tu as une femme et des enfants. L'argent de ta semaine, c'est leur pain, leur abri, leur santé, leur vie peut-être.

— Tiens! voilà que vous raisonnez comme notre contremaître, auteur du nouveau règlement, ce gueusard de Jean-Baptiste.

A ce nom, à cette insulte, Rataplan se rebiffa tout à coup.

— Eh! dites donc là-bas, rien contre Jean-Baptiste devant moi; c'est mon frère.

— Blanc-bec!

— Possible, mais respect à mon aîné! sinon, bien que tu ne sois qu'à demi calciné, Stanislas Mariol, je te fais passer dans le moulin, je te transforme en un sac de plâtre.

Robinson intervint, calmant le gamin, répondant à l'ouvrier :

— Jean-Baptiste mérite l'estime.

— Eh! qui est-ce qui la lui refuse? riposta Mariol. Ce n'est pas moi, bien au contraire, je sais ce qu'il vaut; je l'ai appris à mes dépens.

— Qu'est-ce que c'est encore? demanda Barnabin.

— Tu veux tout savoir, mon mignon. Ecoute. Quand il est entré à l'usine, c'est moi qu'on avait chargé de le tâter, suivant l'usage. Comparativement à moi, qui suis fort comme un Turc, il a l'air d'une demoiselle. Et cependant il me flanqua une tripotée. Ah ! quand un homme vous a mâté comme ça, vois-tu bien, on le vénère, on l'aime !

— A la bonne heure ! fit Rataplan ; j'accepte tes excuses.

Mariol n'entendit pas ; il poursuivit avec enthousiasme :

— Et lui, Jean-Baptiste, pas de rancune. Le lendemain, je suis attrapé par un engrenage, il se jette à corps perdu dans le mouvement, il arrête tout ; il me sauve au risque de se faire broyer lui-même. Aussi, je lui suis dévoué comme... Vendredi au père Robinson. Ah ! ah ! si jamais quelqu'un s'avisait de lui chercher noise, à Jean-Baptiste, c'est moi qui me fâcherais tout rouge ! Entends-tu, mioche !

— Alors, dit Jacques, alors il faut un peu plus l'écouter.

— On verra, conclut Mariol.

Et comme la cloche de l'usine sonnait dans le lointain, il s'éloigna vivement pour arriver à l'heure.

. . . .

. . . .

Quelques instants plus tard, le père Robinson s'approchait sans bruit de sa cabane, et regardait à travers la vitre enchâssée dans le mur.

Rataplan avait dit vrai.

Noël, brisé de fatigue, avait fini par succomber au sommeil.

Pepita, soulevée sur le coude et la joue dans sa main, le regardait en souriant.

IV

JEAN-BAPTISTE

La Villette possédait seulement à cette époque quelques fabriques, une surtout qui jouissait d'un certain renom : on l'appelait la *Grande Usine*.

La grande usine avait déjà sa haute cheminée, ses machines. Elle occupait un emplacement considérable. Ses ateliers, ses magasins, ses hangars, ses cours, tout était spacieux et bien ordonné; tout attestait le progrès, l'activité, la prospérité.

C'était le lundi soir, à l'heure où finit le travail.

Ainsi que nous l'avons appris par Mariol, la paie avait été retardée jusque-là.

Les ouvriers attendaient, passant tour à tour à la caisse, docilement et sans murmures.

Au premier étage du bâtiment d'habitation, dans le bureau particulier, le manufacturier et son contremaître observaient, tout en étudiant un nouveau projet d'appareil.

Celui-ci, c'était le frère de Barnabé; celui-là, c'était le vieil ami de Jacques, André... André Dalvimare.

— Jean-Baptiste, dit-il, je vois avec plaisir que vos prévisions se réalisent. Nos ouvriers acceptent sans trop de résistance le nouveau règlement qui les détourne du cabaret pour les ramener à la famille.

Le contremaître répondit :

— Il en sera toujours ainsi, monsieur, lorsque l'ouvrier sentira qu'on agit dans son véritable intérêt. C'est par entraînement, par faiblesse, qu'il se livre à la débauche. La plupart ne demanderaient pas mieux que de vivre honnêtement, sagement, comme de bons maris, comme de dignes pères ; mais l'éducation leur manque, et par conséquent la force morale, la volonté. Il faut vouloir pour eux. Vouloir, c'est pouvoir.

Jean-Baptiste a vingt-cinq ans. Ses traits irréguliers plaisent cependant par leur expression d'intelligence et de droiture. Autour d'un front vaste et découvert, ses cheveux très touffus, très bruns, frisent naturellement. Son regard est vif et franc; on y devine à la fois l'énergie et la bonté; son sourire vous charme.

André Dalvimare, nous le connaissons déjà. L'incurable chagrin qui se lit sur son visage n'altère en rien sa haute raison, sa dignité calme et bienveillante. Par son caractère plus encore que par ses cheveux blancs, il commande le respect. C'est un négociant intègre, un maître généreux, c'est le type accompli du grand industriel en même temps grand seigneur.

Après un silence pendant lequel il avait examiné son jeune contremaître avec une satisfaction paternelle, il lui demanda :

— Vous êtes élève de l'Ecole des Arts et Métiers de Châlons, je crois?

— Oui, monsieur.

— J'ignorais qu'on y enseignât à ce point le dévoument aux classes ouvrières et le souci de leur dignité.

— C'est tout naturel, monsieur. Nous sommes les sous-officiers de l'industrie ; nous nous intéressons à tout ce qui concerne l'honneur et le bien-être de nos soldats.

— Bien! C'est bien, Jean-Baptiste. J'aime à vous voir de pareils sentiments, cette ardeur, cette foi. Mais supprimer le fléau de l'ivrognerie... impossible!

— Rien n'est impossible avec de la persévérance, de l'énergie, du patriotisme... et l'on sait, monsieur Dalvimare, qu'aucune de ces vertus-là ne vous fait défaut.

— Qui vous a dit cela? D'où le savez-vous?

— Par tout ce que j'ai entendu raconter, par tout ce que j'ai vu moi-même.

— Qu'avez-vous donc vu, s'il vous plaît?

Jean-Baptiste étendit le bras vers l'usine et, montrant tour à tour les fourneaux, les ateliers, il répondit :

— J'ai vu ces feux ne pas s'éteindre, ces machines continuer à se mouvoir, alors que tout se taisait et s'éteignait autour de nous, alors que vous seul, durant la crise commerciale, risquiez bravement votre fortune pour que le pain ne manquât pas à l'ouvrier.

— Soit! reconnut le manufacturier; mais ce n'est pas là de la bravoure, encore moins du patriotisme.

— Je faisais allusion, répondit le contre-maître, aux événements de 1814.

— 1814? murmura le vieillard. Qu'ai-je donc fait alors qui puisse mériter ces grands mots?

— Mais, reprit Jean-Baptiste, c'est une légende, la légende de la grande Usine.

Dalvimare laissa tomber dans ses deux mains sa tête blanche. Il se rappelait enfin, mais lentement, comme en songe.

Afin de lui venir en aide, Jean-Baptiste poursuivit, doucement d'abord, puis élevant peu à peu la voix :

— C'était le matin de la bataille de Paris. Sur les buttes Chaumont, que voici devant nous, quelques élèves de l'Ecole polytechnique, nos vétérans, des gardes nationaux : une poignée de braves. Dans la commune, une seule usine donnait encore signe de vie ; celle qui ne chaume jamais, la grande Usine. On ne semblait pas s'y soucier de l'invasion. Le manufacturier était un gentilhomme qui, pour se livrer au commerce, avait supprimé de son nom la particule, l'apostrophe attestant la noblesse. Ce n'était plus le comte d'Alvimare, c'était Dalvimare et Cᵉ. Peut-être, comme tant d'autres, avait-il été satisfait de nos défaites ; elles lui ramenaient son roi. Tout à coup le canon gronde. Un murmure, semblable à celui de l'Océan, grandit et s'avance. C'est une armée, c'est l'Europe tout entière qui se rue sur Paris. Ses derniers défenseurs ne reculent pas. Ils ne peuvent vaincre, ils sauront mourir. Le gentilhomme les regarde, les admire, tout en frémissant, tout impatient de les rejoindre. Cependant, il hésite encore. Ce drapeau qu'ils agitent, ce n'est pas le sien. Ils crient : « Vive l'empereur ! » Mais quelles sont ces vociférations qui leur répondent? C'est l'étranger... l'étranger ! Il n'hésite plus. Il bondit vers son épée, appelle ses ouvriers, s'élance à leur tête et défend le drapeau tricolore. Qu'importe sa couleur, c'est le drapeau du pays. Vive l'empereur, c'est vive la France !

A mesure que parlait le jeune homme, le vieillard avait relevé la tête. Son front rayonnait. Il étendit ses bras vers les buttes Chaumont :

— Oui, c'est là, là! Contre tant d'ennemis, quelques jeunes défenseurs ayant à peine des armes! Et lorsqu'ils furent tombés, leurs cadavres barraient encore le chemin! Héroïques enfants, ah! pourquoi vous ai-je survécu ? C'est moi qui devais mourir!

— Monsieur... voulut protester Jean-Baptiste.

— Ignorez-vous donc, poursuivit le vieillard avec une exaltation croissante, ignorez-vous que ce fut alors, tandis que j'étais en prison, qu'au milieu d'un incendie, la comtesse d'Alvimare fut assassinée, que mon enfant disparut! Et la justice ne m'a pas même vengé! Ah! les hommes sont méchants. Je les hais!

Jean-Baptiste répondit :

— Il faut les aimer et les secourir ainsi que la patrie, quand même!

En ce moment on frappa.

— Monsieur, supplia le contremaître, monsieur le comte, au nom du ciel, remettez-vous!

Déjà le vieillard avait repris son calme habituel.

— Entrez, dit-il.

Le concierge de l'usine parut, tout essoufflé, tout effaré :

— Monsieur Jean-Baptiste, c'est encore ce scélérat de Mariol. Vous m'aviez donné la consigne de le surveiller après sa paie. Sa femme était là. Vainement elle s'est efforcée de le retenir, vainement j'ai voulu lui prêter main-forte : il nous a glissé des doigts comme une anguille ; il s'est enfui à tous les diables.

— Oh! s'écria Jean-Baptiste, je le retrouverai! Il le faut, je le veux!

Et il se précipita au dehors.

La nuit venait.

V

L'IDÉAL DE MARIOL

Aux abords de l'usine, quelques groupes stationnaient encore, à demi perdus dans la brume crépusculaire.

Deux ou trois femmes, assez heureuses pour avoir arrêté leurs maris sur la route du cabaret, les ramenaient au logis.

Grand triomphe que celui-là ! grand bonheur un jour de paie !

Quelques autres, moins favorisées, s'en retournaient tristement, lentement.

Elles songeaient à l'argent de la semaine qui était perdu pour la famille, au propriétaire qui menaçait, aux enfants qui, peut-être, avaient faim.

Pauvres mères ! pauvres femmes !

A les voir ainsi disparaître dans le brouillard, on eût dit des âmes en peine.

La Mariole attendait, assise sur un talus, dans l'attitude d'une consternation profonde.

Jean-Baptiste alla vers elle ; il lui demanda ce qui s'était passé.

Elle releva la tête ; mais, trop oppressée, trop accablée pour répondre encore, elle montra son visage inondé de larmes.

C'était une toute jeune femme qui devait avoir été jolie, qui l'était encore, malgré la souffrance empreinte sur ses traits, malgré son amaigrissement, sa pâleur.

— Ah ! dit-elle d'une voix brisée, c'est fini ! il n'a pas voulu. Je le suppliais, je le retenais, il m'a repoussée ; il m'aurait battue. Ce n'est pas ma faute, Jean-Baptiste... Nous n'avons plus qu'à nous mettre à la charité, mes pauvres petits et moi... Moi qui comptais tant sur la bonne surprise de ce soir, moi qui m'en faisais une si grande fête !... Et la jeune dame, qu'est-ce qu'elle va dire ?

— Silence ! dit le contremaître, c'est un secret.

Puis, comme la Mariole recommençait à pleurer :

— Courage ! reprit-il ; la fête aura lieu quand même je vous le jure ! je n'y renonce pas, moi. Retournez chez vous, ma pauvre Mariole, et continuez le déménagement. Que tout soit prêt ; il viendra, je vous en réponds, dussé-je vous l'apporter sur mon épaule.

Elle s'était relevée ; elle s'éloigna, quelque peu réconfortée par ces encourageantes paroles.

Jean-Baptiste, qui l'avait soutenue, qui la suivait encore du regard, murmura :

— Douce et bonne créature ! Elle si gaie, si vaillante hier ! Dirait-on qu'elle n'a pas vingt ans ! La misère l'a vieillie. Le chagrin la tuerait, et ses enfants avec elle... Non! J'ai promis que cette famille serait sauvée ; je veux qu'elle soit heureuse.

Et, d'un pas résolu, il se mit en marche.

Mais où retrouver maintenant le déserteur, et surtout comment le ramener au bercail?

Au moment où le jeune contremaître se posait ce problème, son regard fut attiré par une double lueur rouge et verte qui se projetait sur le trottoir, à travers les bocaux resplendissants d'une pharmacie.

Jean-Baptiste était connu du pharmacien. Il entra, se fit donner un narcotique, et, le flacon dans sa poche, il gagna le boulevard à grands pas.

Le boulevard extérieur, le boulevard du Combat : sa physionomie n'était pas moins sinistre que son nom.

D'un côté le grand mur d'octroi, de l'autre une rangée de cabarets, la plupart peints en rouge, les autres de couleurs criardes.

Quelques-uns se recommandaient par des terrasses, des bosquets, des jeux de siam ; tous par des enseignes attractives et de gros chiffres très apparents : Vin à 8 sous ; vin à 6 sous ; vin à 4 sous.

Quel vin !

Un peu plus loin, sur le boulevard de la Chopinette, se débitait une eau-de-vie fortement pimentée: c'était la *cruelle*. Vers la Courtille, on s'achevait avec un dernier verre tout plein pour dix centimes, et qui terrassait les plus forts. L'enseigne elle-même l'attestait :

A L'ASSOMMOIR.

Durant la semaine, ces ignobles bouges restaient plongés dans une sorte d'engourdissement analogue à celui des reptiles qui digèrent. Ils se réveillaient le samedi, ouvraient leurs portes à deux battants, mettaient des ifs sur les trottoirs et du sable sur le seuil. C'était le jour de paie.

Là tout près, dans Paris ou dans la banlieue, les ouvriers allaient recevoir leur argent ; ils allaient venir festoyer toute la nuit, prolonger l'orgie jusqu'au dimanche, pour la recommencer encore le lendemain.

C'était comme une bataille où de nouvelles recrues arrivaient, arrivaient sans cesse, laissant sur le carreau leur argent, leur raison, leur santé, leur vie.

Des calculs avaient établi que le quart des salaires de la grande Usine devenait la proie des cabaretiers. Vainement la paie avait été remise au lundi soir, on *nocerait* le lundi soir, on ferait le mardi, quand ce ne serait que pour narguer le nouveau règlement.

Jean-Baptiste savait à peu près où retrouver Mariol.

Effectivement, il n'avait pas fait cinquante pas sur le boulevard, qu'il reconnut sa voix chantant ce refrain alors en vogue :

Quand je veux boir' du liquide à bas prix,
Vers la barrièr' je me mets en campagne.
La bouteill' cout' deux sous d'moins qu'à Paris,
C'est tout profit ; plus j'en bois, plus je gagne.

Ce genre d'économie, Mariol le pratiquait largement. Il avait déjà bu sa part de plusieurs bouteilles qui étaient là, vides, mais encore sur la table, c'est-à-dire impayées. Il venait de les perdre au piquet.

— Pas de chance ! criait-il ; il faut que je me rabiboche ! De l'acharnement, quoi ! j'en tiens pour trois litres. Qui est-ce qui joue contre ? Allons ! la galerie, un homme de bonne volonté !

Il s'arrêta tout à coup, les yeux écarquillés, la bouche béante.

Au premier rang des spectateurs, il venait de reconnaître Jean-Baptiste.

Quelques rires éclatèrent.

— Quoi ! comment ! c'est vous, monsieur Jean-Baptiste ! balbutia Mariol encore tout penaud.

— Il faut que je te parle, dit froidement, simplement le contremaître.

— Ici ?

— Ou dehors, je préférerais.

— Moi *ibidem*.

Mariol alla payer au comptoir et s'empressa de rejoindre Jean-Baptiste, qui déjà se dirigeait vers les bords du canal.

C'est, à cette heure, un endroit désert, et, par conséquent, propice aux explications intimes.

Aucun mot n'avait encore été prononcé. Le contremaître semblait oublier son compagnon qui, pour se donner une contenance, tourmentait le tuyau d'une pipe éteinte. Ce silence lui pesait plus qu'un reproche.

— Jean-Baptiste, débuta-t-il enfin, je sais ce que vous allez me dire. Eh ! vous avez raison, cent fois raison, parbleu ! Je n'aurais pas dû oublier le bien que vous nous avez fait, mes promesses ; mais, que voulez-vous, c'est plus fort que moi !

Jean-Baptiste le regarda fixement.

— Tu n'aimes donc plus tes enfants, ta femme ?

— Jour de Dieu ! se récria l'ouvrier avec un sincère élan du cœur, ne plus aimer ces pauvres chérubins... Catherine ! Oh ! que si... Mais, tenez, ça va vous paraître drôle : c'est peut-être parce que je les aime que...

— Que tu les abandonnes pour la débauche ! acheva le contre maître.

Mariol baissa la tête ; mais la redressant aussitôt :

— Laissez-moi vous parler franchement, naïvement, dit-il. Il y a des choses que je ne peux pas m'expliquer. Vous les comprendrez peut-être mieux que moi, vous qui avez de l'éducation.

— J'écoute.

— Voici. Lorsque je rencontrai Catherine et que je l'épousai, il n'y a pourtant que quatre années de cela, c'était alors une jolie fille, fraîche comme un printemps, avenante et rieuse ; mais voilà qu'il nous arrive un enfant.

— Eh bien ! raison de plus pour être heureux, ce me semble ?

— D'accord. Cependant, la mansarde était exiguë. Nous nous étions ruinés pour le repas de noces, endettés pour l'établissement du ménage. Catherine devint souffrante, elle nourrissait. La gêne arriva.

— Il fallait travailler double.

— Eh ! les journées n'ont pas quarante-huit heures. J'avais beau ne pas m'épargner, c'était tout au juste si l'on vivotait. Survint un second marmot : avec lui, la misère.

— Par ta faute, alors, car ta femme a de l'ordre et du courage.

— Trop de courage ! Elle voulut travailler en fabrique et ce fut là notre coup de grâce. Séparés dès le matin avant le jour, on ne se retrouve que le soir à la nuit. Le ménage n'a pas été fait, le foyer est mort. Faut d'abord aller chercher les enfants : celui-ci à l'asile, celui là à la crèche. Pauvres mioches, il y a bien longtemps que nous ne les avons pas embrassés au grand jour du soleil !

— Mais leur mère...

— Est-ce qu'elle a le temps ! Il lui faut bien vite allumer du feu, bâcler une soupe et rapetasser les hardes. Après quoi, harassée de fatigues, grelottant de froid, elle dort quelques heures d'un sommeil fiévreux, et recommence le lendemain dès l'aube. A ce métier-là, les couleurs s'effacent vite ; la joue se creuse, le regard s'éteint, la bouche désapprend le sourire. Oh ! je me couperais le poing pour qu'elle soit tout autre. Après le travail, ce serait bon de retrouver un petit chez soi bien propret, une ménagère accorte et réjouie, des bambins ragoûtants et caressants. Les miens, c'est à peine s'ils connaissent leur père. Ma femme, elle a perdu toute coquetterie, tout soin d'elle-même. Ce n'est plus ma Catherine, c'est la Mariole, presque une vieille. Enfin, mon galetas, je m'y déplais, j'en ai honte et je le fuis...

— Mais, malheureux...

— Malheureux, oui, car j'ai lutté pour conquérir le bien-être de ceux que j'aime, et, c'est certain, je ne peux pas... je ne peux pas nous tirer de là ! misère à perpétuité ! Et ce n'est rien encore que le présent. Quel avenir ! quelle vieillesse ! Comprenez-vous, maintenant ? C'est avec ces idées-là dans la tête, c'est avec la rage dans le cœur que je me suis repris au vin bleu ; il me donne l'oubli, l'ivresse... et je rêve alors, ne pouvant plus être heureux qu'en rêve.

Tandis que Mariol parlait ainsi, il y avait dans l'accent de sa voix, dans l'expression de son visage, une si douloureuse conviction, une sincérité si poignante, que bien certainement le pauvre garçon disait vrai.

Jean-Baptiste, plus ému qu'il n'aurait voulu le paraître, haussa l'épaule et répliqua :

— Tu es un fou ! Ne pouvant t'enivrer avec du vin, tu te grises avec des paroles.

— Et peut-être aussi avec des larmes, répondit l'ouvrier ; mais il fait nuit, vous ne les voyez pas.

La main de Jean-Baptiste alla serrer la main de Mariol :

— Calme-toi, voyons ; je sais bien que tu n'es pas un méchant homme. Je crois même qu'on retrouverait en toi l'énergie du devoir.

— Certes ; mais à quoi bon, puisque mon idéal ne se réalisera jamais.

— Tu as donc un idéal, toi ?

— Tout comme un autre. Oh ! ce n'est pas des féeries de théâtre, allez. C'est un pauvre petit bonheur de rien du tout.

— Lequel ? Rêve tout haut, parle !

— Sans boire, jamais ! Mais vous pouvez demander aux autres. Dans les brindezingues, je suis comme qui dirait somnambule et raconte les choses telles que je les souhaiterais. Un de ces jours, vous me rencontrerez, vous m'entendrez... si ce n'est déjà fait.

Un sourire effleura la lèvre du jeune contremaître.

— Parle, insista-t-il, et, je te le promets à cette lumière, à ce bouchon que voici là-bas, je te paie à boire.

— Topez-là ! s'écria Mariol ; j'ai le gosier sec en diable !

Il se recueillit un instant. Une douce brise murmurait dans la cime des peupliers ; leurs grandes ombres zébraient le ruban argenté du canal et s'en allaient au loin, dans la plaine tout en lumière. Çà et là, par intervalle, un grillon chantait.

— Supposons, commença Mariol, supposons qu'une fée se rencontre en mon chemin... vous savez, Jean-Baptiste, comme dans les contes... une pauvresse qui ne peut recharger son fagot... Je l'aide, et, crac, elle se transforme, y compris la baguette à la main. « Que puis-je faire pour toi, mon garçon ? » Je me hâte de lui répondre : « Sauvez de la misère Catherine et mes enfants ! » Elle me demande ce qu'il faudrait pour cela. — Un billet de cinq cents. — Qu'en feras-tu ? — D'abord, et d'une, je paierais nos dettes, puis je louerais la maisonnette qu'on vient de construire là-bas, du côté des buttes.

— Je la connais, dit Jean-Baptiste.

— Vraiment ! se récria Mariol, celle avec des volets verts et un petit jardin ?

— Oui.

— Un jardin, c'est ça qui détache du cabaret. En entrant, une grande cuisine : on y mangerait. Au fond, deux chambrettes : celle des enfants, la nôtre. J'y mets tout ce qu'il faut ; pas de luxe, ma bonne fée, mais du linge. Les mioches gentiment vêtus, et leur mère aussi. Tout ce qu'il y avait dans l'armoire quand nous nous sommes mariés : son ancien trousseau de grisette. Bien vite, elle redeviendrait pimpante et faraude là-dessous. Je la vois d'ici... ses fraîches couleurs lui sont revenues. Elle est alerte et gaie, elle sourit, ses yeux brillent ; ce n'est plus la Mariole, c'est Catherine, Bonjour, Catherine ! Ah ! que je t'aime ! Je ne te laisserai plus retomber dans le dénûment, va ! Maintenant, je me plairai chez moi, dans ma maison... La maison, la famille, voilà le bonheur !

Effectivement, Mariol s'enivrait de son idéal. Il s'était redressé, résolu, vaillant et fier. Tous les bons sentiments, toutes les généreuses aspirations s'épanouissaient sur son visage. Ce qu'il venait de décrire, il le voyait ; ce qu'il promettait de faire, il le ferait.

Par malheur, Jean-Baptiste n'était pas une fée, Mariol n'était qu'un ivrogne.

S'interrompant tout à coup, sur un tout autre ton :

— Voilà le bouchon ! s'écria-t-il ; ai-je aussi rêvé que vous m'aviez promis bouteille ?

— Entrons ! fit Jean-Baptiste.

Ils prirent place sous une tonnelle, où Mariol continua de divaguer tout en buvant. C'était Jean-Baptiste qui versait.

Dans le premier verre, il avait versé le narcotique. Mariol ne s'était aperçu de rien.

Bientôt, cependant, il se plaignit d'une certaine lourdeur de tête. Il avait besoin d'air, on sortit.

Ses paroles devenaient confuses, ses paupières se fermaient malgré lui, ses jambes fléchissaient. Il voulut s'asseoir au bord d'un fossé. Quelques instants plus tard, il se renversait contre le talus, profondément endormi.

Personne, aucun bruit.

Jean-Baptiste chargea Mariol sur son épaule et, coupant à travers champs, l'emporta.

Grande fut la surprise de Mariol lorsqu'il se réveilla le lendemain matin,

Il était couché dans un bon lit : couvertures neuves et draps tout blancs.

Blancs étaient aussi les rideaux de la fenêtre par laquelle arrivait, à travers les vitres claires, un rayon de soleil. L'armoire et la toilette en noyer verni ; le miroir, les chaises fraîchement rempaillées, le papier à fleurs, le plafond, le plancher même, tout était immaculé ; tout réjouissait le regard.

Mariol se pinça ; peut-être rêvait-il encore.

Mais non ! non ! tout cela était bien réel.

Il se leva, chercha les guenilles assez malheureuses qu'il portait la veille.

A leur place, un bon vêtement de travail qui semblait sortir des mains du tailleur.

— Ah ça ! mais je me suis donc trompé de porte, murmura-t-il. Je ne connais plus mes lares. Tout ça n'est pas à moi. Gageons que rien ne me va.

Il aurait perdu ; tout était à sa taille et lui allait comme un gant.

— Sac à papier ! s'écria-t-il, j'ai donc la berlue ? Ohé ! la Mariole !

Personne ne répondit, personne ne vint.

— Catherine !

La porte s'ouvrit, Catherine entra.

Oui, c'était bien Catherine. De la Mariole, elle ne conservait qu'un reste de pâleur. Sa fine taille lui était revenue dans une robe d'indienne toute nouvelle. Ses beaux cheveux, coquettement lissés, étaient enfermés dans un joli bonnet d'une éclatante blancheur. Elle était vive, alerte, jeune ; ses yeux brillaient et ses dents aussi. C'était Catherine la grisette, Catherine la rieuse.

— Saperlotte ! s'écria son mari, mais c'est donc notre misère qui était un cauchemar ? Il n'y a donc pas quatre ans que nous sommes mariés ? C'était hier...

— Fou ! répondit Catherine, est-ce que tu ne vois pas nos enfants ?.

Ils arrivaient, le grand garçon de trois ans, la petite

fille qui marchait à peine, proprets et gentiment attifés tous les deux, chacun un jouet à la main.

— Ça, ma progéniture, fit naïvement Mariol. Mais j'avais laissé des petits sauvages et je retrouve des bébés de prince.

— Vas-tu pas les renier ? dit Catherine en les lui campant sur les bras.

A qui mieux mieux, ils embrassèrent, câlinèren Mariol.

— Ah! je les reconnais à leurs bécots ; mais sont-ils mignons! Je les croyais pas si bien réussis, parole d'honneur! balbutiait l'heureux père, riant et pleurant à la fois.

— Allons, allons, reprit la mère, je t'ai laissé dormir jusqu'à neuf heures, parce que tu me semblais un peu fatigué hier soir. Te voilà regaillardi, maintenant ; il faut aller à la fabrique. Mais d'abord, déjeunons.

Elle poussait son mari vers la salle à manger.

Cette pièce servait aussi de cuisine. Tout y respirait l'ordre, le soin, la recherche même d'une ménagère accomplie.

— Où sommes-nous? demanda Mariol de plus en plus ébaubi ; mais quel est donc ce logis?

— Quoi ! répondit Catherine, tu ne te souviens donc plus de cette maisonnette que tu reluquais avec tant d'envie ?

— Si fait, pardieu... mais, hélas !

— Réjouis-toi ; nous y sommes emménagés d'hier soir.

— Bah !

Mariol courut jusqu'au seuil et regarda au dehors. C'était bien sa maisonnette idéale, entourée d'un petit jardin clos d'une haie, mais encore en friche

— Un jardin ? mon jardin ! s'écrial Mariol. Ah ! c'est moi qui vais en faire pousser là-dedans, des choux et des roses! Mais, dis-moi, Catherine, es-tu bien certaine que nous soyons ici chez nous?

— Moyennant cinquante écus de loyer; c'est un peu cher.

— Oh! que non. Je travaillerai dur et ne me dérangerai plus jamais! Plus jamais, maintenant que nous avons un vrai chez nous, Catherine, et que je puis te rendre heureuse par mon travail.

La pauvre femme avait peine à dissimuler sa joie Pour se donner une contenance, elle avait découver la soupière ; elle remplissait les assiettes.

— Quel fumet! quelle soupe!

Les deux bambins, assis déjà sur leur chaise haute, jetaient des petits cris joyeux, tapageaient avec leur cuillère.

Maman prit place entre eux ; en face, papa.

— Ah ! Catherine, ma Catherinette ! disait-il, je me laisse faire; je n'ose t'interroger, toucher à rien, de peur que tout s'évanouisse. Mais, en admettant la métamorphose, et j'espère qu'elle est complète cependant, ce qui changera, ce qui s'améliorera plus encore que tout le reste, c'est moi, c'est Mariol. Il me semble que la transformation commence déjà. Regarde, regarde-moi dans les yeux, Catherine, est-ce que je ne deviens pas un autre homme?

Il disait vrai. Ce masque, que le découragement et la débauche avaient mis sur son visage, ce masque fatal était tombé. La bonne et généreuse figure de l'ancien Mariol, du vrai Mariol, reparaîssait.

Catherine, toute émue et toute fière, lui tendit la main.

— Ah! je t'avais perdu, je te retrouve! Et vous

aussi, mes enfants, le bon Dieu vous rend votre père !

On s'embrassa.

Les bambins, cependant, avaient faim. La mère leur donna la becquetée ; puis, se retournant vers le père qui s'oubliait à regarder ce tableau.

— La cloche de la fabrique va sonner. Dépêche !

Il se mit à manger vivement, et bientôt, la bouche pleine :

— Quant au potage, déclara-t-il, c'est du positif. On n'en mange pas de meilleur, même en rêve !

Sa femme alla pour lui verser du vin.

— Non ! refusa-t-il, pour toi ; moi, j'en ai assez bu. J'en ai bu pour dix ans ; dans dix ans, nous verrons ; jusque-là de l'eau. Ah ! c'est ainsi. Rien que de l'eau. Je me mets en pénitence.

Catherine protestait. Il lui saisit la main, il y colla ses lèvres.

— Pauvre chère femme ! j'avais été assez lâche pour vous abandonner à la misère, toi et les enfants ; mais ça ne recommencera pas, jour de Dieu ! J'entends qu'il y ait toujours ici du pain sur la planche, et rien que par l'effort de ces deux bras-là ; tu n'iras plus travailler en fabrique. Ah ! mais non ! ta place est ici chez nous. Une femme toujours hors du logis, ce n'est plus une mère, ce n'est plus une femme. Moi aussi, je t'ai retrouvée, je te garde. Nous te gardons, pas vrai, les mioches ?

Ils lui souriaient, ils battaient des mains, enchantés, reconnaissants, comme s'ils eussent compris leur père.

A droite, à gauche, Mariol jetait des baisers.

— Et l'on ne se priverait pas un peu pour ces amours-là ! Qu'est-ce que je disais donc, Catherine. Ah ! j'y suis. D'abord, et d'une, je vais travailler double; deuxièmement faire des économies. Je ne me priverai pas du nécessaire; mais, quant au superflu, rasé. Je le supprime, à commencer par ma pipe.

Catherine eut un grand geste d'incrédulité. L'énormité même du sacrifice dépassait toutes ses espérances.

— Tu ne me crois pas? fit Mariol; je comprends. N'est-ce pas toi qui as eu la bonté de remettre dans cette poche neuve l'écrin que voilà, l'inséparable.

Un vieil étui de bois rougeâtre était dans sa main; il l'ouvrit, il en tira, pardonnez-moi ce mot réaliste, un magnifique brûle-gueule.

— Voilà le bijou, voilà le bijou! Des joujoux, c'est bon pour des enfants, non pas pour les hommes. Est-ce qu'on a besoin de tabac? Une idée qu'on se fait, une habitude, je m'en affranchis. Adieu! adieu, ma pauvre vieille bouffarde! je te condamne à mort, et l'écrin aussi, comme recéleur.

Il brisa tour à tour l'étui, la pipe, et jeta leurs débris par la fenêtre.

— Mariol! disait Catherine, Mariol, on ne t'en demande pas tant.

— C'est moi-même qui l'exige, répliqua-t-il, et pour cause. Je ne suis pas un sot; je me souviens, je devine. Il y a de par le monde un digne garçon qui nous avait déjà rendu service, quand le logeur voulait nous mettre sur le pavé, quand la petite fut malade. Hier soir, il m'arrachait de chez le marchand de vin. Le long du canal il m'a fait jaser. Gageons que c'est lui l'enchanteur?

Catherine rougit, baissa les yeux et se tut.

— Qui ne dit mot, consent! reprit Mariol; c'est Jean-Baptiste. Et je ne le crois guère plus riche que nous. Brave cœur! jamais je ne m'acquitterai du bonheur qu'il nous donne, mais je veux au moins lui rendre un jour son argent.

L'autre porte s'ouvrit tout à coup, le jeune contremaître se montra.

— Bravo, Mariol! dit-il, c'est d'un honnête homme de vouloir payer ses dettes. Mais tu ne me dois rien à moi. Je n'y suis pour rien, c'est la fée.

— La fée!

— Celle que tu invoquais hier soir, celle qui vient d'exaucer ton vœu.

Jean-Baptiste désignait une gracieuse apparition qui s'avançait à son tour.

C'était la fée, c'était la dame.

Malgré le voile qui cachait à demi son visage, rien qu'à la sveltesse de sa taille, à la grâce de sa démarche, on la devinait jeune et charmante. Quelque chose de pudique et de virginal émanait de toute sa personne, ainsi que le parfum d'une fleur.

Appartenait-elle à la terre? ne venait-elle pas plutôt du ciel? Mariol, en vérité, n'en savait rien.

— Une fée! murmura-t-il; mais il y a donc encore des fées?

— Il y a, répondit Jean-Baptiste, des anges de charité, dont on ne peut reconnaître les dons qu'en s'en montrant dignes. Souviens-toi de tes promesses. Voilà tout ce qu'on demande. Quant à moi, pour te les rappeler, voici mon cadeau... une tire-lire.

Elle était en grès, et valait bien trois sous. Jean-Baptiste la posa sur la table, et s'empressa de rejoindre la jeune inconnue, qui déjà s'éloignait en souriant à ceux qu'elle avait sauvés.

Une voiture attendait à quelques pas de là. Elle y

monta ; mais avant que Jean-Baptiste donnât le signal du départ :

— Merci ! lui dit-elle, délicieusement émue. Oh ! c'est bon de faire le bien ! Oui, vous avez raison, c'est un devoir, et qui porte en lui-même sa récompense. J'avais tort de me croire inutile et de vouloir mourir. A présent, je veux vivre. Merci !

VI

VALENTINE

Jean-Baptiste était encore à la même place, au milieu du chemin, regardant la voiture qui s'éloignait.

Une main lui toucha l'épaule. Il se retourna. C'était le père Robinson.

Le vieillard était pâle, oppressé, douloureusement ému.

— Et qu'avez-vous donc, papa Robinson? demanda le jeune contremaître.

Le vieux bohémien frissonna comme se réveillant en sursaut. Tout à l'heure il semblait au moment de pleurer; maintenant il s'efforçait de rire.

— Eh! Jean-Baptiste, je vous fais mon compliment. Vous étiez en bonne fortune.

Jean-Baptiste eut un premier mouvement d'indignation. Mais se calmant aussitôt :

— Jacques, dit-il, en désignant la maisonnette de

Mariol, entrez-là. Ce que vous jugez mal, vous le comprendrez mieux. Je m'en retourne à l'usine.

Quelques instants plus tard, Catherine racontait au vieux bohémien toute l'histoire de son bonheur. Quant à sa bienfaitrice, elle ne la connaissait pas. Jean-Baptiste l'avait appelée mademoiselle Valentine. Ce nom, ce nom béni se retrouverait chaque soir dans la prière de la Mariole et de ses enfants.

— Bien! s'écria Jacques avec des larmes dans les yeux, c'est bien, Catherine... priez pour elle!

Et, sans s'expliquer davantage, il sortit.

Son front semblait rasséréné. Cependant une certaine angoisse le tourmentait encore. Tout le jour, on le vit aller et venir par les buttes, étrangement agité, comme impatient de voir arriver quelqu'un.

Vers le soir, Jean-Baptiste passa.

Le vieillard courut à lui.

— Mon jeune ami, lui dit-il, je vous fais amende honorable. Mais la charité n'exclut pas l'amour.

— Que voulez-vous dire, papa Robinson?

— Dame! cette mystérieuse inconnue, si charmante, si digne d'inspirer un tendre sentiment...

Le jeune contremaître l'arrêta.

— Jacques, dit-il, pourquoi m'interrogez-vous ainsi? Je vous sais incapable d'une vaine curiosité. Qui êtes-vous? D'où vient cet intérêt pour elle? Je ne demande pas que vous me l'appreniez, mais je veux que dans votre esprit il ne reste pas un soupçon sur cet ange de pureté. Je vais à Belleville chez ma mère, accompagnez-moi. Comme tout peut se dire, je vous dirai tout.

Le vieux bohémien se mit en marche à côté de lui.

— Merci de votre confiance. Jean-Baptiste; parlez, parlez!

Sans paraître remarquer l'émotion du vieillard, le jeune contremaître commença ainsi :

— C'était à Châlons, la dernière année, quelques mois avant l'examen. Un dimanche, fatigué de travail, je me promenais dans la campagne, aspirant l'air à pleins poumons, rêvant comme à vingt ans. Des cris d'effroi me réveillèrent. A quelques pas de là, sur la route, une calèche était emportée par des chevaux fougueux. N'allez pas me prendre pour un héros de roman. Je ne vis rien que le danger. J'y courus d'instinct, et même assez maladroitement, car je fus renversé, roulé dans la poussière.

— Mais, demanda Jacques, les chevaux s'étaient arrêtés?

— Oui, quand je revins à moi, j'étais dans un salon, au château. La châtelaine me prodiguait ses soins, tandis qu'à quelques pas de nous, un grand vieillard, très pâle, embrassait, en pleurant de joie, une charmante fillette de treize ou quatorze ans... Valentine.

— Ah! s'écria le vieux bohémien, elle se trouvait dans la voiture! Tu l'avais sauvée?

— Je n'en sais trop rien, répondit le jeune homme ; mais autour de moi, tout le monde le croyait ainsi. La mère et le père, qui est un prince...

— Oui, murmura Jacques amèrement, un prince!

— Ah! vous savez?

— Continue.

— Dans leur reconnaissance, poursuivit Jean-Baptiste, ne voulaient-ils pas me garder à tout jamais! Ce sont des étrangers, des Russes; j'eus toutes les peines du monde à leur faire comprendre qu'il me fallait retourner à l'école. Le dimanche suivant, la calèche vint m'y chercher. Il en fut ainsi jusqu'à la fin des études. Le prince, un bon vieillard, mais presque impotent, presque aveugle, m'appelait son enfant. J'avais fait le portrait de la princesse, qui est jeune encore et très belle. Je donnais des leçons de dessin à leur fille, une adorable enfant; jamais rien d'aussi joli, d'aussi parfait ne s'était encore montré à mes yeux.

Sans rien dire, Jacques prit la main de Jean-Baptiste et la serra dans les siennes.

— Dès l'automne suivant, reprit le contremaître, j'entrai chez M. Dalvimare et déjà j'oubliais mes amis de Châlons, lorsqu'une rencontre, de nouvelles insistances m'ouvrirent les portes de l'hôtel qu'ils habitent à Paris. C'étaient tous les jours de nouvelles fêtes; la princesse aime le bruit, l'éclat, le monde. Elle y menait déjà sa fille, dont elle se parait alors comme d'un joyau de plus. Pauvre enfant!... Que de fois je l'ai vue toute pâlie, toute brisée par tant de plaisirs! Que de fois j'ai entendu le prince murmurant : « C'est trop! il lui faudrait du repos, le sommeil! Elle me la tuera! »

— Vraiment! fit Jacques étonné, il l'aime donc?

— Certes! répondit Jean-Baptiste, qui ne l'aimerait? Moi-même, un étranger, je commençais à m'inquiéter, à m'affliger aussi, lorsque tout à coup, l'hiver d'après, un changement singulier se manifesta chez la princesse. Elle arrivait à cet âge où l'on écarte de soi tout ce qui peut l'attester. Elle voulait paraître jeune, toujours jeune, et sa fille la vieillissait. Valentine n'était plus une enfant, c'était une jeune fille dans tout le charme de sa beauté printanière. Sa mère en devint jalouse.

— Une mère! murmura Jacques.

— Elle éloigna sa fille, poursuivit Jean-Baptiste; elle la relégua dans l'ombre. Valentine se soucie peu de briller, mais elle crut que sa mère ne l'aimait plus. L'amour de sa mère, c'était son bonheur, sa vie. Elle s'étiola, découragée, triste, abattue. Un jour, enfin, je la surpris en proie à une morne torpeur, et les larmes dans les yeux. J'osai l'interroger. Oui, avec la voix d'un ami discret, d'un frère dévoué, je lui demandai la cause de son chagrin. Elle eut confiance en moi. Une mélancolie profonde, un dégoût amer de l'existence, envahissaient tout son être. Elle se sentait mourir... Elle voulait mourir...

— Mourir!... Elle!... s'écria Jacques, tout palpitant d'effroi.

— Je fus assez heureux pour lui faire comprendre, répondit Jean-Baptiste, que lorsqu'on est jeune, riche et chrétienne, on se doit aux pauvres, à la charité. Je racontai l'histoire de la Mariole. La Mariole vous a dit le reste. Ce matin, en quittant la femme de l'ouvrier, la fille du prince était consolée, ravivée. L'espoir a refleuri dans son cœur. Elle se sent utile, elle peut faire le bien. C'est un aliment, c'est le salut pour cette âme aimante et généreuse. Il ne fallait que lui montrer le devoir, elle n'y faillira pas. Vous vouliez tout savoir, Jacques... vous savez tout.

Une seconde fois, le vieux bohémien serra la main de Jean-Baptiste. Puis, avec l'expression d'une dernière crainte dans le regard et dans la voix :

— Cependant, dit-il, si tu l'aimais ?...

— Si je l'aimais, répliqua franchement le contremaître, si j'avais le malheur de l'aimer, je partirais avec ma mère, avec mon frère, et nous nous en irions si loin, qu'on ne nous reverrait jamais !

— Jean-Baptiste, conclut Jacques, je te demande

pardon de t'avoir soupçonné. Tu es un honnête homme.

Et il s'éloigna, laissant Jean-Baptiste tout pensif.

Il se demandait d'où pouvait venir tant d'angoisse et de curiosité ? quel était le secret de Jacques ?

VII

LA DAME NOIRE

Vers le milieu de cette même journée, M. Dalvimare avait à son tour interrogé la Mariole ; le soir, dans les buttes, il causa longuement avec son ami Robinson.

La générosité, la loyauté de Jean-Baptiste fut le sujet de ces deux entretiens.

— C'est une intelligence d'élite, conclut Jacques, c'est un cœur d'or.

— Oui, dit André, voilà longtemps que je l'observe et que je l'apprécie. On en aura plus tard la preuve. En attendant, dès aujourd'hui je voudrais faire quelque chose pour ce digne garçon. Il est trop fier pour accepter ce qui ne lui semblerait pas dû. Mais n'a-t-il pas un frère ? une mère ?

— Son frère est un assez mauvais drôle, répliqua le vieux bohémien, mais ce n'est encore qu'un gamin ;

peut-être s'amendera-t-il. Quant à la mère, elle a su conquérir l'estime et la sympathie de tous.

— Jouit-elle d'une certaine aisance ?

— Elle travaille.

— Quel est son état ?

— Peintre sur porcelaine. Elle a des apprenties, des ouvrières, coloristes et brunisseuses. C'est une famille active et dévouée. Elle a su gagner, à la sueur de son front, le pain, l'éducation de ses deux fils.

— Mais le mari ?

— Mort depuis longtemps. Sa veuve n'a jamais quitté le deuil. Ses voisins l'appellent : la Dame noire.

— J'irai la voir. Où demeure-t-elle ?

C'était à Belleville. Jacques donna l'adresse.

Dès le lendemain matin, Dalvimare arrivait devant la maison.

Il demanda Madame Jean-Baptiste.

On ne la connaissait pas.

André pensa tout d'abord que Jacques s'était trompé. Puis, revenant sur ses pas :

— Cette dame, expliqua-t-il, dirige un atelier de peinture. Elle a deux fils. L'aîné, Jean-Baptiste, est contremaître dans mon usine.

— Ah ! s'écria-t-on, vous voulez dire madame Humbert ?

A ce nom, Dalvimare frissonna de la tête aux pieds.

— Humbert ! murmura-t-il. Si c'était... Non... Son fils n'aurait pas osé... Cependant... Oh ! je veux le savoir... je le saurai.

Et, tout tremblant encore de l'émotion qui venait de l'assaillir, le vieillard monta l'escalier.

Dans une première pièce, où tout respirait l'ordre et la propreté, les ouvrières travaillaient en silence.

L'une d'elles se leva pour conduire l'étranger.

Après avoir traversé un modeste salon, elle ouvrit une porte, le fit passer devant, la referma sur lui.

Il se trouvait en présence de madame Humbert.

A peine leurs yeux se furent-ils rencontrés, que ce double cri se croisa dans l'air :

— Monsieur Dalvimare !

— Elle !

Le vieillard, pâle, chancelant, cherchait à fuir.

La mère de Jean-Baptiste lui barra le chemin.

— Oh ! puisque vous êtes venu, monsieur, vous m'entendrez... Je vous en supplie... Je le veux !

Dans l'attitude, dans le regard, dans la voix de la dame noire, il y avait tant de douleur, tant d'autorité, que le vieillard se laissa tomber dans le fauteuil qu'elle lui désignait.

Tout plein d'étonnement, d'anxiété, il la regardait en silence.

Elle était grande, digne, imposante ; ses vêtements de deuil la faisaient paraître plus pâle encore. Ses cheveux étaient presque blancs, mais par l'effet du chagrin bien plutôt que de l'âge. Ce n'était pas une vieille femme, loin de là. Dans l'expression de son visage attristé, mais calme, dans le regard de ses grands yeux noirs, on lisait l'énergie et la volonté.

— Monsieur Dalvimare, dit-elle, le malheur ne donne pas le droit d'être injuste. Vous le seriez peut-être envers mon fils ; autrefois, vous l'avez été pour son père.

Il voulut l'interrompre.

— A quoi bon rappeler des souvenirs cruels ? dit-il. Je vous en conjure, à mon tour... madame... Madeleine...

— Oui, s'écria-t-elle, c'est ainsi que m'appelait

votre femme. Elle avait été si bonne pour nous ! Je l'aimais tant !

— C'est vrai, reconnut-il, c'est vrai, Madeleine. Je vous ai toujours rendu justice, à vous.

— Mais non pas à mon mari, qui la méritait autant que moi ! Vous avez souffert qu'on l'accusât, vous l'avez accusé vous-même.

— Madeleine, je venais de perdre tout ce que j'aimais ici-bas !... Un horrible assassinat ! l'incendie !... Pierre Humbert, mon contremaître, était resté seul à l'usine, ce jour-là. Un fatal concours de circonstances le désignait comme complice des meurtriers... On le dénonça... Souvenez-vous...

— Oh ! fit-elle avec une sombre douleur, je n'ai rien oublié !

Puis, après un silence, avec des larmes :

— Mon pauvre Pierre ! je le vois encore, je le vois toujours devant le tribunal, sur un banc d'infamie ! On l'interrogeait comme avec la certitude qu'il fût coupable ! On l'accablait ! on l'insultait ! Moi, j'étais là...

A son tour, Dalvimare interrompit Madeleine :

— Vous le consoliez, dit-il, vous l'encouragiez, vous le défendiez avec une affection si touchante, avec une foi si complète en lui, que les juges le reconnurent innocent... ou du moins l'acquittèrent.

Ce dernier mot frappa au cœur la pauvre femme. Elle se redressa, superbe d'indignation et de désespoir.

— Encore ! s'écria-t-elle. Vous comme les autres ! après quinze ans ! Quinze ans ! et je n'ai pas encore tenu ma promesse ! Je m'en suis souvenue cependant ; j'y suis restée fidèle. Elle est là, dans ma pensée, dans mon cœur... Oui ! je le renouvelle aujourd'hui devant vous, ce serment que je fis alors devant ses juges et devant Dieu ! Oui ! ce doute, cette tache restée sur notre honneur, je l'effacerai. Les véritables assassins, je me consacre à les démasquer et à les livrer à la justice, et leur châtiment attestera que mes enfants n'ont pas à rougir de leur père !

Madeleine, exaltée par l'héroïsme de sa résolution, devenait vraiment sublime.

Dalvimare en fut profondément attendri.

— Pauvre femme ! pauvre mère ! dit-il. Pardonnez-moi les paroles qui vous ont offensée. Si je puis vous seconder dans votre tâche, comptez sur moi. Courage, reprenez courage. Dites-moi tout. Pendant ces quinze ans, qu'avez-vous tenté ? Qu'avez-vous fait ?

— Ce que j'ai fait, répondit-elle avec une navrante amertume. D'abord, j'ai voulu sauver mon mari. La honte l'avait mortellement frappé. Au sortir de la prison, je le pris dans mes bras, je l'emportai bien loin, chez nous, en Provence. Mais il est de ces blessures que rien ne guérit... Sa tombe est là-bas, ignorée, mais non pas oubliée. J'y ferai graver son nom quand je le reprendrai moi-même, et que ses enfants le reprendront aussi, le jour de la réhabilitation. Je la veux complète, éclatante ! Ah ! si nous avions été riches, ce jour serait arrivé déjà... Mais non, je restais sans ressources, avec deux enfants. Le plus jeune venait de naître. Il me fallut d'abord travailler pour eux. Puis, ramasser sou par sou le prix du voyage. C'était à Paris que le crime avait été commis, c'était là seulement que je pouvais en trouver les traces. Mais quatre ans déjà s'étaient écoulés ! mais j'arrivais dénuée de tout ! Vous ne savez pas, vous autres, les heureux de ce monde, ce qu'il faut de patience et d'efforts pour conquérir un petit chez soi, un modeste gagne-pain. J'y suis enfin parvenue; mes enfants ont grandi. J'ai retrouvé la piste et je touche au but. Pour l'atteindre, je ne vous demande que le secret. Taisez-vous, même avec Jean-Baptiste...

— Mais, observa Dalvimare, il doit savoir...

— Il ne sait rien, répondit Madeleine. A l'époque du procès, il était dans mon pays, chez des parents. Plus tard, mes allures inquiètes, étranges, l'on souvent étonné; mais c'est un fils respectueux. Je lui ai dit: « Ne m'interroge pas; plus tard tu sauras tout, et tu auras peut-être un grand devoir à remplir. » Il attend. Quand, par une occasion providentielle, il est entré chez vous; quand il y a repris la place de son père, ce fut sous le nom de Jean-Baptiste. Je l'en avais prié, il m'a obéi. Je vous en conjure, monsieur Dalvimare, oubliez qu'il s'appelle autrement. Huit jours encore! je ne vous demande que huit jours. Au nom de mes enfants que je vais relever de la honte, au nom de leur père qui en est mort, attendez jusque-là, attendez!

Elle était à ses pieds, les yeux suppliants et les mains jointes.

Il la releva, il lui dit:

— Madeleine, je crois en vous; je me tairai. Que Dieu vous soit en aide!

. . . .

Quelques heures plus tard, chez lui, devant son bureau, le riche industriel ouvrait un tiroir secret dans lequel se trouvait une enveloppe cachetée de noir.

Il allait la déchirer, l'anéantir.

Mais, s'arrêtant tout à coup:

— Pourquoi?... dit-il; j'ai promis d'attendre. Attendons.

VIII

CRIME ET REPENTIR DE BARNABIN

Le lendemain, vous n'auriez pas reconnu Mme Humbert.

Ce n'était plus la dame noire, la vengeresse ; c'était une bonne femme, une heureuse mère, tout émue par l'approche de la distribution des prix.

D'avance, elle souriait au succès de son Barnabin, de son Benjamin.

Celui-ci, au contraire, avait l'oreille basse, la mine allongée, le regard inquiet.

— M'man, hasarda-t-il, est-ce que tu y tiens beaucoup à la cérémonie ?

— Si j'y tiens ! se récria-t-elle ; te voir couronné, acclamé, mais ce sont là nos grands jours, à nous autres mères ! Et ce Jean-Baptiste qui n'arrive pas !

— Moi, fit Barnabin, quand j'aurai des enfants, j'irai pas aux distributions de prix.

Jean-Baptiste entra ; il vint embrasser sa mère.

— En route ! dit-elle ; allons donc, Barnabin !

Mais lui, faisant la loupe et se coiffant sur le nez :

— Cristi ! grommela-t-il, ça sera roide !

On arriva bientôt sous la tente dressée pour la solennité.

Mme Humbert s'était mise au premier rang.

Avec quelle impatience n'écouta-t-elle pas les discours, les récitations, les exhibitions préparatoires.

Enfin, on va proclamer les récompenses.

Prix d'honneur... Tiens, ce n'est pas Barnabin !

Prix de sagesse. Elle ne comptait que sur celui-là ; mais d'autres sont appelés, couronnés... et ce n'est pas son fils !

— Que signifie !... C'est un passe-droit, une injustice !

— Patience, ma mère, répète Jean-Baptiste à la pauvre femme tout alarmée.

Pour reprendre courage, elle se redressait, cherchant à voir Barnabin.

Mais Barnabin, loin de se rengorger aux premiers rangs, ainsi que les années précédentes, se dissimulait derrière ses camarades, et, comme indifférent à l'honneur, comme embarrassé de sa personne, mâchonnait son beau mouchoir blanc tout neuf.

Cependant toutes les couronnes ont été données à la première classe ; peut-être n'est-il que dans la seconde ? La seconde reçoit, à son tour, ses récompenses ; il n'est pas plus question de Barnabin que s'il était élève du collège de Chandernagor.

La pauvre mère est atterrée, suffoquée.

La distribution se terminant enfin, elle se lève aussitôt ; elle court au maître de pension ; elle l'aborde, la tête haute et le ressentiment dans les yeux.

— Quoi! Comment! mon fils n'a pas un prix! Pas un! Rien!

— Mais, répond le pédagogue tout étonné, mais, madame, voilà plus de trois mois que nous ne l'avons pas vu.

— Trois mois!... trois mois d'école buissonnière! Et l'argent, l'argent que je te donnais pour monsieur!

Barnabin se voile le visage.

Ce n'est pas la colère qui domine chez Mme Humbert, c'est le chagrin. Il y a des larmes dans ses yeux. Le maître de pension lui-même en est attendri.

— Ah! madame, dit-il, si j'avais pu prévoir... Mais je ne pouvais pas cependant lui donner le prix d'absence!...

On reprit le chemin de la maison. Quel retour!

Mme Humbert gardait le silence. A peine rentrée chez elle, elle se laissa tomber dans un fauteuil. En même temps, Barnabin se jeta à ses pieds.

— Ah! m'man, pardon! Je suis un scélérat! Gronde-moi donc, bats-moi, mais ne pleure plus! C'est la faute des buttes Chaumont. Je travaillerai maintenant. Plus de flâneries! Je te promets de rattraper le temps perdu! Parole d'honneur! Mais embrasse-moi, pardonne-moi... Je t'aime bien... Voyons, mère, une risette!

Jean-Baptiste intervint :

— Cette leçon lui profitera, ma mère. Ayons confiance. C'est un peu ma faute. J'y veillerai désormais. Pendant les vacances, je me charge de le remettre au courant. Embrassez-le donc... et moi aussi.

Elles les réunit tous les deux dans une même étreinte. Puis, avec un accent étrange :

— Embrassons-nous, dit-elle, et restons unis, nous serons forts.

Jean-Baptiste se prit à sourire :

— Oh ! mère, tu dis cela comme si quelque danger menaçait.

— Qui sait ! murmura-t-elle.

Barnabin s'écria :

— Un danger ! un danger pour toi, mère ! Ah ! mais ce jour-là, présent ! Ce n'est pas Barnabin qui ferait l'école buissonnière !

On soupa.

— Il faut que je me hâte, dit Jean-Baptiste, on m'attend.

— Quoi ! tu ne peux même pas nous donner cette soirée, mon fils ?

— Hélas ! non ; ce soir même M. Dalvimare me présente à quelqu'un que je dois initier à notre industrie.

— Qui donc ?

— Le vicomte d'Alvimare.

A ce nom, la dame noire eut un tressaillement soudain.

— Ah ! son neveu...

— Oui, ma mère.

— Ne m'avais-tu pas dit qu'il était absent, en Allemagne ?

— Il est de retour.

Elle se leva, agitée, très pâle.

— Mais, qu'as-tu donc, mère ? lui demandèrent simultanément ses deux fils.

— Moi ! rien. Pars, Jean-Baptiste ; Barnabin t'accompagnera... Adieu !

Evidemment, Mme Humbert avait hâte de rester seule.

Les deux frères sortirent, et, par les buttes Chaumont, se dirigèrent vers l'usine.

Chemin faisant, ce furent de douces exhortations de la part de l'aîné, ce furent de chaleureuses promesses de la part du plus jeune.

Dans la cour de la manufacture, un beau cheval de selle était attaché.

— Le vicomte est chez son oncle, dit Jean-Baptiste.

En ce même moment, devant la grande porte, en dehors, un homme passait. Le chapeau sur les yeux, le menton dans la cravate, il était enveloppé dans un manteau à triple collet.

— Tiens, fit Barnabin, c'est l'homme au carrick ! C'est le vilain borgne du four à plâtre.

Jean-Baptiste congédia son frère.

— Retourne chez nous, mais en droite ligne, et sans louvoyer à travers les buttes Chaumont.

— As pas peur ! c'est juré !

Pauvre Barnabin ! de nombreuses tentations l'attendaient en chemin.

D'abord ce fut Mariol et son jardin. Il bêchait avec ardeur un carré de terre, tandis que dans un autre, déjà défriché de la veille, Catherine et ses enfants arrosaient un plant de salade.

— Ah ! Rataplan, viens nous aider. Je te mets en réquisition. Tu verras comme c'est divertissant le jardinage ! Allons, viens !

Barnabin s'excusa de ne pouvoir accepter, et passa outre.

Un peu plus loin, sur un tertre, Noël était assis à côté de Pepita. Vendredi veillait sur eux.

Certes, Barnabin n'eût pas mieux demandé que d'aller prendre place à côté des deux pifferari. Il aurait des nouvelles de la blessée ; il lui ferait raconter son histoire. Cette histoire devait être fort intéressante, et notre gamin était curieux. Vendredi l'avait reconnu, gambadait autour de lui comme pour dire :

— Reste avec nous ! sois des nôtres !

Mais Barnabin se roidissant dans son devoir :

— A bas ! dit-il, à bas, Vendredi ! j'ai juré ; bien le bonsoir !

A peine s'éloignait-il, que des cris joyeux retentirent vers la droite.

C'était une escouade de jeunes Bellevilliens ; ses anciens soldats.

L'arc en mains, le carquois à l'épaule, ils s'en allaient du côté de l'équarrissage, à la chasse aux rats.

Des rats énormes, et si nombreux que chaque flèche en embrochait au moins un. Et c'étaient des battues, des hallalis, des poursuites. En un mot, la grande passion de Barnabin.

Déjà quelques camarades l'avaient aperçu.

— Ohé ! c'est Rataplan. Vive Rataplan ! vive le capitaine !

Il se dissimula derrière un monticule, et, de l'autre côté, s'enfuit à toutes jambes.

Mais la distance n'était qu'à moitié franchie. De chaque crête, de chaque hallier, de chaque ravine, n'allait-il pas surgir de nouvelles séductions, toutes sortes de diableries en travers du chemin ?

Les buttes Chaumont se prêtaient alors à toutes les conjectures. Le soir, après le coucher du soleil, entre chien et loup, il y avait dans ce désert, dans ce chaos, toutes sortes d'apparences bizarres et de monstruosités fantastiques.

Là, disait-on, revenaient les morts de la bataille de Paris, tambours et clairons en tête. Ici, vers Montfaucon, les fourches patibulaires, et les gibets se redressaient. Les pendus revenaient danser au clair de la lune, y compris le fameux Enguerrand de Marigny, le terrible Olivier-le-Daim, Olivier-le-Diable.

Cependant Barnabin n'avait pas peur. Il ne redoutait que les occasions de flânerie et de plaisir.

Mais quel est ce spectre aux grands bras noirs qui gesticule dans le ciel rouge ?

C'est le Moulin de la Galette.

Un joyeux cabaret dont on renomme la piquette et la cuisine.

Au-dessus de la haie, un long corps se dresse. Une grosse voix s'écrie :

— Eh ! c'est Barnabin ! Bonjour, petit ! fâ ! fâ !

Vous avez déjà reconnu Polydore, la basse-contre du théâtre de Belleville.

Il est en compagnie de toute l'élite de la troupe.

— Aimes-tu la gibelotte, Rataplan ? je te convie à la nôtre qui est transcendante. A chacun son lapin... fâ, fâ..., c'est moi qui régale !

La gibelotte embaumait. Barnabin raffolait de la gibelotte... et cependant il passa, souhaitant aux autres un bon appétit.

— Ah ! si m'man n'est pas contente, ça ne sera pas juste ! Va-t-elle m'embrasser quand elle connaîtra les épreuves dont je sors triomphant. Pauvre mère !

Il arrive. Personne.

— Ah ! fit-il d'un air contrit, pas de chance ! où peut-elle être allée si tard ! Je vais l'attendre.

Il se campa dans un grand fauteuil ; quelques minutes plus tard, il était endormi.

Le timbre de la pendule sonnant minuit, le réveilla en sursaut.

Personne encore ! Où donc pouvait être la dame noire ?

IX

MONSIEUR LE VICOMTE

Le vicomte Gontran d'Alvimare avait trente ans environ. C'était, suivant l'expression d'alors, un beau cavalier.

Cependant il inspirait peu de sympathie. Son regard était froid, son allure hautaine. Un sceptique, un blasé, un railleur. Déjà ses traits portaient l'empreinte de la fatigue ; déjà ses cheveux blonds se raréfiaient, blanchissaient. Comme signe caractéristique, de grands favoris fauves.

Bref, un type allemand. Il était, en effet, d'origine allemande.

Lors de la Révolution, tandis que le comte d'Alvimare, abdiquant son titre, devenait André Dalvimare, et fondait la grande Usine, son frère, le vicomte, émigré de l'autre côté du Rhin, s'y mariait, parvenait à une position assez brillante. Mais des revers l'ayant accablé tout à coup, sa femme mourut de chagrin ; il la suivit de près dans la tombe.

Gontran, leur fils unique, avait alors une quinzaine d'années. Il resta seul, ayant pour tout héritage quelques papiers de famille, une lettre adresséee par son père mourant au comte d'Alvimare, l'oncle de France.

L'orphelin partit, accompagné d'un certain Jacobus, son précepteur, qui se dévouait à sa fortune.

Ceci se passait vers la fin de 1813. Le comte et la comtesse accueillirent avec bonté ce neveu inconnu et le traitèrent comme un fils.

Quelques mois plus tard, tandis que le riche industriel était encore en prison par suite de sa patriotique initiative lors de la bataille de Paris, un incendie, allumé par des mains inconnues, dévorait l'usine.

Parmi les décombres, on trouva le cadavre de la comtesse assassinée. Son enfant avait disparu.

Le comte s'était marié vers quarante ans. Sa jeune femme, son enfant, c'était tout son espoir, tout son bonheur.

Le désespoir faillit le tuer. Longtemps on craignit pour sa raison. Quand il parvint à surmonter enfin cette terrible épreuve, il avait vieilli de vingt ans.

La justice rechercha vainement les incendiaires, les assassins. Quelques vagues indices semblaient désigner le contremaître, Pierre Humbert. Il passa devant les assises ; il fut acquitté. Cependant, deux témoins s'étaient acharnés contre lui : le précepteur Jacobus, et son élève, Gontran d'Alvimare.

Le comte sut gré à son neveu d'avoir aussi chaudement poursuivi sa vengeance. Il ne demandait qu'à l'aimer ; il lui ouvrit ses bras et son cœur.

Chose étrange ! Gontran reculait, hésitait, comme

retenu par une invincible honte. Sous l'étreinte même de son oncle, il restait glacé, il détournait le regard.

Surpris, blessé, le comte sentit que cette froideur, cet éloignement, le gagnaient lui-même. Il avait espéré une consolation ; ce ne serait plus qu'un devoir.

Gontran entra au collège.

Là, tout aussitôt, sa nature altière et rétive occasionna maint scandale. On eût dit un jeune sauvage, un jeune loup. Chassé de plusieurs institutions, il fut remis entre les mains de Jacobus, ce précepteur qui l'avait amené d'Allemagne et qui, seul, paraissait avoir quelque autorité sur lui.

Plus tard l'école militaire, plus tard encore la carrière diplomatique ne réussirent pas mieux au jeune vicomte Gontran d'Alvimare. Il fut célèbre un moment par ses escapades, surtout par ses duels ; il avait la main malheureuse ; c'était un neveu fort embarrassant.

De guerre lasse, l'oncle s'abstint de tout patronage, voire même de toute remontrance. Il donnait de l'argent, voilà tout. Que lui importait ? vivant de peu, réalisant de gros bénéfices, il voyait sa fortune augmenter de jour en jour. Ce ne pouvait être que pour Gontran : libre à lui d'en gaspiller une partie d'avance.

Le vicomte vécut donc à Paris, menant la vie à grandes guides. Jacobus, de précepteur, était devenu intendant. C'est lui qui touchait la pension et ses suppléments, mais chez le notaire. Le comte avait une sorte de répulsion pour cet homme ; il ne voulait pas le voir. A peine voyait-il son maître.

Un matin, cependant, à la suite d'une bouillotte

désastreuse et non liquidée, qui faisait quelque bruit (il y avait déjà des petits journaux indiscrets), l'oncle apparut tout à coup chez son neveu ; et, jetant sur la table une liasse de billets de banque :

— Monsieur le vicomte, dit-il, les dettes de jeu se paient dans les vingt-quatre heures. Au moins, respectez votre nom !

Néanmoins, avec les années, Gontran s'atténua, s'assouplit. Il ne tuait plus personne ; on ne parlait lus de lui. L 'habitude du monde lui donnait une certaine distinction ; sa turbulence tournait au flegme. C'était un parfait gentleman.

Quelques mois avant que ne commence notre récit, le comte avait fait demander son héritier. Il l'examina longuement, parut satisfait de l'amélioration qui se remarquait dans sa personne, et lui dit :

— Vous plairait-il, monsieur le vicomte, que nous causions sérieusement ?

Gontran s'inclina.

— Voilà longtemps que nous ne nous étions vus, reprit le vieillard d'un ton plus affectueux. Je penche vers la tombe... Oh ! ne me plaignez pas ! J'y rejoindrai ceux que j'ai perdus !

Un imperceptible frisson passa sur le visage de Gontran.

— Je me préoccupe au sort de ceux qui me survivront, poursuivit le riche industriel. Après moi, que deviendra cette usine que j'ai fondée ! Que produira ce capital si productif entre mes mains ! Je suis un peu le père de mes ouvriers. Autrefois, noblesse obligeait ; de nos jours, richesse oblige. M'écoutez-vous, mon neveu ?

— Assurément, monsieur le comte. Mais, vous

l'avouerai-je, je ne vois pas encore où voulez en venir...

— Gontran, vous ne vous êtes jamais trop soucié de me satisfaire ; avant que je m'en aille, voulez-vous en essayer un peu ?

— Expliquez-vous, monsieur le comte ; quels sont vos ordres ?

— Je n'ordonne pas, Gontran... je conseille et je prie.

— Raison de plus pour que je m'empresse d'obéir... Que faut-il faire ?

— Partir, retourner en Allemagne dans une manufacture analogue à celle-ci. C'est un de mes correspondants qui la dirige ; on vous enseignera notre industrie. Vous reviendrez dans un an, pas plus tôt. Et alors...

— Alors...

— Je vous associerai à mes opérations. Puis vous me remplacerez, monsieur le vicomte. Oh ! gardez-vous d'une sotte fierté. A votre âge, et pour tous, le travail est un devoir. Il purifie, il retrempe, il honore. Lui seul assure le bonheur de l'homme et la dignité du vieillard. Cette usine vaut une fortune princière : donnez-moi la satisfaction que je réclame, et, dès votre retour, elle est à vous.

Gontran hésitait, l'œil voilé, la lèvre un peu dédaigneuse. Ses longs favoris fauves étaient tourmentés par sa main.

Enfin, il se décida.

— Je partirai, dit-il.

Il partit. Une lettre, toute remplie de promesses, annonça bientôt son entrée chez le manufacturier d'outre-Rhin. Mais celui-ci, quelques jours plus tard, écrivit à son tour.

Gontran n'avait fait que traverser l'usine. Il s'était appliqué à se rendre odieux à tout le monde ; il malmenait les ouvriers, provoquait les fils de la maison, courtisait effrontément leur sœur. Pour s'en débarrasser au plus vite, le père lui avait promis de laisser croire qu'il était toujours là. Et le vicomte s'en était allé dans une ville de jeu ; mais le digne Allemand s'était repenti de sa condescendance ; il apprenait à son correspondant toute la vérité.

De tous les vices, celui que le comte d'Alvimare pardonnait le moins, c'était le mensonge.

Gontran avait menti.

Arrivons maintenant à sa visite de retour.

Ainsi que Jean-Baptiste l'avait deviné à la vue du cheval attaché dans la cour de l'usine, le neveu était chez son oncle.

— Monsieur le comte, lui disait-il, excusez-moi si je n'ai pas attendu, pour revenir, le terme que vous m'aviez fixé. Je reviens tout à fait raisonnable, et le prouve en trois mots : je me marie.

— Ah !...

— Si toutefois vous voulez bien y donner votre consentement, mon cher oncle.

— Mais encore faudrait-il savoir...

— C'est tout un roman. Je connais à peine la jeune fille. L'hiver dernier, nous nous sommes rencontrés dans le monde. Peut-être quelques mots se sont-ils échangés entre nous durant une contredanse. Je crois m'en souvenir, mais je n'en répondrais pas.

— Ainsi, vous ne l'aimez point ?

— Je croyais vous avoir donné à entendre, mon cher oncle, qu'il s'agissait d'un mariage de raison.

— C'est juste.

— Cependant, la jeune fille est merveilleusement belle. Quant à la dot, aux espérances, splendides !

— Alors, il y a donc quelque chose à dire sur la famille ?

— C'est la fille d'une princesse russe. Vous avez peut-être entendu parler du prince Dimitri Lubanoff ?

Le comte, comme frappé par ce nom, releva soudainement la tête et regarda Gontran dans les yeux.

— Je vois, reprit celui-ci, que vous connaissez mon futur beau-père. C'est ce vieil hetman des Cosaques qui, blessé durant la campagne de France, obtint du czar la permission d'y finir ses jours. J'épouse sa fille.

— Valentine! s'écria le comte.

Le vicomte, à son tour, resta stupéfait.

— Précisément, balbutia-t-il, Valentine...

André d'Alvimare s'était remis d'un premier mouvement d'émotion.

— Valentine, reprit-il, n'appartient pas au prince Dimitri. C'est la fille du colonel Bernard.

— Quoi ! vous savez...

— Tout ce qui s'est passé il y a quinze ans, oui.

— Mais, mon cher oncle, il ne s'est passé rien que de très convenable. La veuve du colonel, la mère de Valentine, s'est remariée au prince qui s'est pris d'amitié pour l'enfant. Il l'a adoptée, il l'a dotée comme sa fille. Qui se souvient encore du premier mari ?

Le comte eut un étrange sourire. Puis d'une voix lente, avec un profond intérêt :

— Mais, questionna-t-il, vous ne me parlez pas de la mère ?

Non sans quelque embarras, Gontran répondit :

— La mère est jeune encore, vraiment belle, un peu coquette peut-être. Elle traverse une de ces crises où tout ce qui constate l'âge d'une femme devient embarrassant. Un peu par jalousie, un peu par impatience de plus de liberté, elle désire éloigner sa fille, qui, du reste, s'attriste et souffre de cette fausse situation qu'elle pressent. La maison n'est pas gaie ; le prince est très vieux, presque impotent, presque aveugle. C'était rendre service à l'enfant que de lui trouver un mari. Les amis de la princesse s'en préoccupaient, un surtout, qui est en même temps le mien, le chevalier Capriola. Nous nous sommes rencontrés à Bade ; il a tout arrangé par correspondance, et si vous le voulez bien, mon cher oncle, nous signerons dès demain le contrat.

— Ce n'est pas de moi que viendra l'obstacle, répondit évasivement André d'Alvimare.

Mais aussitôt qu'il eut congédié Gontran :

— Dès ce soir, murmura-t-il, il faut que je parle à Jacques.

. . . .

Déjà le vicomte était en selle.

Comme il sortait de la cour, un homme, l'homme au carrick, arrêta tout à coup le cheval par la bride.

— Je vous attendais, dit-il rapidement ; nous vous attendions.

Gontran, pâle de colère, avait levé sa cravache.

Mais il reconnut sans doute le borgne, et rapidement, à voix basse, il lui répondit :

— Cette nuit... à la maison du bois, chez Jacobus.

— Soit ! grommela l'autre ; mais, d'ici là, decavé, plus le sou ! rien !

Le vicomte, en s'éloignant au grand trot, laissa tomber quelques pièces d'or sur le trottoir.

L'homme au carrick s'empressa de les ramasser, en disant à part lui :

— Patience ! j'aurai mon tour !

Quesques instants plus tard, vers la barrière, il montait dans un fiacre et jetait au cocher cette adresse, alors bien connue :

— Palais-Royal, au 113.

C'était une maison de jeu. On vit bientôt le borgne s'asseoir au tapis vert, gagner d'abord... puis reperdre... tout perdre, jusqu'à sa dernière pièce de quarante sous.

Il sortit, et, se drapant dans son carrick, la cravate jusqu'aux yeux, le chapeau sur les sourcils, sa prunelle unique menaçant le ciel :

— Mille millions de guignons ! maugréa-t-il, où m'en aller, maintenant ? Il fait froid ; j'ai faim ! Bah ! comme l'autre soir, aux fours à plâtre des buttes Chaumont ! J'y dormirai, j'y mangerai peut-être, en attendant l'heure de notre rendez-vous avec le vicomte. C'est sur le chemin.

Sur ce même chemin se trouvait d'abord la grande Usine.

Au moment où il venait de dépasser la façade, le borgne jeta son regard oblique vers une petite porte qui s'ouvrait aux flancs de la maison, sur la campagne, et dit avec accompagnement de bruit de ferraille dans sa poche :

— J'ai le passe-partout ! Qu'ils le veuillent ou non, j'agirai... Assez de misère !

X

BÉLISAIRE

Si, parmi les Bohémiens, Jacques s'appelait Robinson, chez les artistes auxquels il servait de modèle on le nommait Sambre-et-Meuse.

Peut-être avait-il fait partie jadis de cette illustre légion. En tout cas, ce surnom convenait admirablement à la physionomie, à l'allure de l'ancien soldat républicain, du vieux grognard de la grande épopée impériale.

Ce jour-là, le jour de la distribution des prix de Barnabin, le jour où le vicomte d'Alvimare venait d'avoir avec son oncle l'entretien que nous avons raconté dans le chapitre précédent, Sambre-et-Meuse avait séance chez le peintre Max Sterner.

Max Sterner était un des premiers artistes de son temps. Il avait conquis la renommée, la fortune. Son atelier rappelait ceux des grands maîtres d'Italie ou de Flandre.

C'était un vaste salon, un musée. La lumière y pénétrait à flots par de larges fenêtres. A ces fenêtres, ainsi qu'aux portes, de magnifiques tapisseries d'Arras. Çà et là, des panoplies, des statues, des émaux, des faïences, des marbres et des ivoires, toutes sortes de raretés et de merveilles.

De la haute voûte, peinte en bleu d'outre-mer, pendaient des oiseaux au brillant coloris, à la large envergure. A terre, un tapis de Smyrne amortissait le bruit des pas.

Dans ce coin, un banc à dais sculpté du seizième siècle ; dans cet autre, un véritable divan turc. Toutes les contrées, toutes les époques se trouvaient représentées là par un meuble, un ornement, un souvenir quelconque.

Aux murailles, des esquisses, des études. Sur divers chevalets, quelques ébauches. Vers le milieu de l'atelier, dans leur cadre d'or, deux tableaux presque achevés.

L'un, c'était un portrait, le portrait de deux femmes d'une admirable beauté. Leur ressemblance faisait deviner la mère et la fille : celle-ci, c'était Valentine ; celle-là, la princesse Lubanoff.

Sur l'autre toile, page magistrale et touchante, on reconnaissait Bélisaire demandant l'aumône.

Jacques posait pour le héros byzantin.

Il était superbe ainsi, drapé dans la toge de couleur très sombre. Son grand front chauve et balafré, sa noble et pâle figure aux traits énergiques et sillonnés de rides, sa longue barbe blanche, tout contribuait à lui donner un aspect vénérable. Il y avait surtout dans son regard, obstinément fixé sur l'autre table, le double portrait, une mélancolie, une tendresse, une douleur qui, vraiment, commandaient le respect et la pitié. C'était bien le guerrier vaincu, méconnu, tombé de la gloire dans la misère, mais conservant encore, même en tendant la main, toute sa dignité, toute sa fierté : c'était bien Bélisaire.

— Bravo ! dit le peintre enchanté, bravo ! mon vieux Sambre-et-Meuse ! Grâce à toi, je vais faire un chef-d'œuvre. Aussi, tu peux demander tout ce que tu voudras. Parle, voyons, que veux-tu ?

— Rien, je suis payé ! répondit Jacques en montrant le portrait de Valentine et de sa mère.

Et la main du vieillard tremblait, tandis qu'un étrange sourire se dessinait sous sa vieille moustache, tandis que dans ses grands yeux cerclés de bistre, une larme se devinait, prête à tomber.

— Sambre-et-Meuse, reprit Max Sterner, je devine en toi tout un drame. Tu n'es pas ce que tu parais être. J'ai tort de te parler aussi familièrement, mais c'est de la sympathie, crois-le bien, c'est de l'amitié. Ton émotion me remue le cœur. Pourquoi ? Je l'ignore. Je ne te demande pas ton secret ; c'est convenu, c'est juré. Mais si jamais je pouvais t'être utile, n'en doute pas, je suis tout à toi.

— Merci ! répondit Jacques en serrant la main que lui tendait l'artiste. Tout ce que je souhaite présentement, c'est de rester ici lorsque ces dames viendront. Oh ! vous me l'avez promis !

— C'est grave ! fit l'artiste, car la princesse ne daigne venir dans mon atelier qu'à la condition formelle qu'il ne s'y trouvera personne.

— Je ne suis pas quelqu'un, interrompit humblement Sambre-et-Meuse. Et d'ailleurs, je resterai là, à l'écart, dans l'ombre.

— Tu me l'as promis.

— Je tiendrai ma promesse.

— Alerte ! alors. On a sonné.

Jacques se recula dans un coin, à demi-caché par des chevalets et des tapisseries.

Un domestique, ouvrant la porte, annonça :

— Madame la princesse Lubanoff.

Elle entra, suivie d'un flot de velours noir, couverte de diamants.

C'était une grande dame, très imposante et très belle.

Valentine parut à son tour.

Une robe de soie blanche, quelques brins de muguet dans les cheveux, telle était la simple toilette qu'elle avait choisie pour figurer à côté de sa mère.

A la vue de celle-ci, tous les traits de Jacques s'étaient contractés ; ils se détendirent à l'aspect de la jeune fille, passant ainsi de la colère à l'adoration.

Cependant, la princesse, avec une courtoisie quelque peu hautaine, avec une familiarité tout aristocratique :

— Max Sterner, dit-elle, il faut qu'on vous estime fort pour se rendre ainsi dans votre atelier, surtout après le refus de faire ce portrait à l'hôtel; mais quand la montagne ne veut pas se déranger...

— Soyez assez bonne pour m'excuser, princesse. Il m'était impossible, je vous le répète, de déserter mon grand tableau.

— Ah ! le chef-d'œuvre... Bélisaire ! Avez-vous au moins travaillé !... Cela avance-t-il ?... Voyons ?

Elle s'était approchée, tout en ouvrant son binocle. Elle le mit sur ses yeux et regarda, le sourire aux lèvres.

— Effectivement, dit-elle, le principal personnage est terminé. Une superbe tête ! Mais, c'est particulier, ces traits... réveillent en moi comme un souvenir lointain. Il me semble que j'ai vu quelque part votre Bélisaire. Regarde donc, Valentine, est-ce que nous ne connaissons pas quelqu'un qui ressemble à cela?

Déjà la jeune fille, comme se rappelant ce visage, avait tressailli.

— Je ne saurais dire, balbutia-t-elle.

La princesse se contenta de cette réponse. Peut-être, d'ailleurs, avait-elle hâte de se distraire d'un souvenir importun, d'un trouble furtif, qui venait d'altérer imperceptiblement sa sérénité superbe.

— Prenons notre poste, dit-elle en allant s'asseoir dans le fauteuil qu'avait préparé le peintre.

De l'endroit qu'il avait choisi, dans la pose qu'il lui fit prendre, la princesse ne pouvait voir Jacques. Il n'en fut pas de même à l'égard de Valentine.

En prenant place sur un tabouret, aux pieds de sa mère, elle rencontra tout à coup les yeux du vieillard qui la contemplaient silencieusement, comme en extase.

Valentine eut un léger frisson que sa mère ne remarqua pas.

Le vieillard semblait la supplier de se taire ; elle se tut. Puis, attirée, gagnée par son humble et doux regard, elle ne le quitta plus des yeux, et simultanément une même sympathie, un même sourire s'épanouirent sur les deux visages.

— Très bien! dit Max Sterner en se mettant au travail.

On causait des choses du jour, lorsque le valet reparut, introduisant le chevalier Capriola.

Cette fois, la princesse ne fut pas maîtresse de son émotion. Elle eut un premier mouvement, un mouvement involontaire pour aller au-devant de celui qui arrivait ; mais, se réfrénant aussitôt, elle se rapprocha de sa fille et la prit dans ses bras, comme pour chercher un refuge auprès d'elle.

Jacques, après un éclair d'indignation, de colère, se dompta, se calma, s'effaça plus encore.

Déjà l'Italien était entré.

C'était un homme encore jeune et d'une élégance, d'une distinction, d'une beauté vraiment remarquables. Dans son œil noir, on devinait une puissance magnétique, irrésistible. Sa fatuité annonçait le séducteur, son arrogance laissait pressentir le spadassin.

Après avoir complimenté la princesse, salué Valentine, touché la main de l'artiste, approuvé son œuvre, il s'écria :

— Comment! le vicomte n'est pas encore auprès de vous, mesdames? Je l'avais autorisé, de votre part, à vous présenter ici ses respects. Soyez assez bonnes pour l'excuser, je vous prie. Il arrive d'Allemagne ce matin même. Sa première visite appartenait au comte d'Alvimare, un oncle archi-millionnaire. un nabab, un crésus; on lui doit des égards.

Engagé sur ce ton, l'entretien continua. Le chevalier s'appliquait surtout à faire valoir Gontran; ses éloges allaient à l'adresse de Valentine.

Quelques minutes plus tard, Gontran arriva. Valentine eut un tressaillement de répulsion. Jacques s'en émut. La princesse elle-même ne put dissimuler un certain malaise; elle examina le vicomte.

Par malheur, cet examen ne pouvait que lui être favorable. Il avait une habitude du monde, une réserve qui semblaient de bon goût, un beau nom qu'il portait bien. Assurément c'était un mari convenable pour Valentine.

Mais à peine hasardait-il son compliment qu'un

troisième personnage fut annoncé, un plébéien, celui-là : Jean-Baptiste Humbert.

Les yeux de Valentine avaient brillé ; Jacques relevait la tête.

Cependant, la princesse paraissait étonnée.

— Ma mère, expliqua la jeune fille, le prince a prié M. Humbert de venir voir notre portrait et de lui en reporter son avis. Il dessine, il peint même aussi. C'est, je crois, l'ami de M. Sterner.

— Certes, reconnut l'artiste, et si madame la princesse le permet...

— Qu'il entre, autorisa-t-elle.

. . . .

L'entretien que le comte d'Alvimare venait d'avoir avec son neveu changeant tous ses projets, il avait donné congé à Jean-Baptiste.

Jean-Baptiste savait quel mariage menaçait Valentine. Il voulut l'avertir du retour de Gontran ; il se souvint de la prière du prince ; il accourut.

Depuis sa sortie de l'École des arts et métiers, par un travail opiniâtre, il avait complété son instruction ; son éducation s'était achevée d'elle-même à l'hôtel Lubanoff. C'était un de ces hommes qui, naturellement distingués, ne sont déplacés nulle part. Ils s'élèvent promptement à tous les niveaux ; c'était mieux qu'un contremaître, c'était un ingénieur.

Il entra donc avec aisance chez Max Sterner ; il s'avança modestement, mais dignement. L'artiste, d'ailleurs, était allé le recevoir en lui serrant la main.

Le vicomte et le chevalier le regardaient, dissimulant à peine un dédaigneux sourire ; il leur fit baisser les yeux par l'honnête et calme fierté de son regard. Les instincts du cœur ne trompent pas.

Puis, après avoir salué la princesse et sa fille, il alla voir leur portrait.

L'artiste semblait faire grand cas de l'opinion de l'ingénieur; ils échangèrent à demi-voix quelques mots.

Pendant ce temps, la séance étant terminée, la princesse remettait son cachemire, apporté par Capriola; avec eux, Gontran formait un premier groupe.

A l'autre extrémité de l'atelier, Valentine cherchait son écharpe, un crêpe de Chine blanc. L'artiste l'avait placé sur un sofa, non loin de l'endroit où se tenait Jacques.

Ce dernier la regardait venir, en se reculant, en se cachant derrière les rideaux. Le visage du vieillard était ruisselant de larmes.

Il tendait vers la jeune fille ses deux mains suppliantes.

Poussée par un élan de cœur, elle avança rapidement la sienne.

Jacques la saisit à la dérobée, l'effleura de ses lèvres.

Mais c'était trop d'émotions, trop de joie; il ne put étouffer un sanglot.

Afin de le masquer à tous les regards, Valentine se retourna vivement.

Une seule personne avait tout vu, tout compris: Jean-Baptiste.

l était là; il regardait Valentine.

— Le prince vous attend, lui dit-elle à voix basse. Venez le voir à l'instant; vous me trouverez auprès de lui.

XI

UN PRINCE RUSSE

Entrons à l'hôtel Lubanoff.

Situé dans l'île Saint-Louis, cet hôtel occupe un vaste espace de terrain. Les bâtiments datent du siècle de Louis XIV, et les arbres du jardin ont le même âge.

La cour, silencieuse et froide, est d'un aspect imposant. Dans les appartements, élevés et larges, un luxe grave se déploie ; c'est une demeure vraiment princière.

Depuis quinze ans, le prince Dimitri l'habite.

Hetman des Cosaques, ce fut en combattant la France qu'il apprit à l'aimer.

Ses campagnes, cependant, lui laissaient de tristes souvenirs : une jambe de bois, le bras gauche emporté, toutes sortes d'infirmités et de blessures.

La dernière était de la bataille de Paris ; il n'y avait survécu que par un miracle.

Ce miracle fut l'œuvre d'une femme, la veuve du colonel Bernard.

Elle était merveilleusement belle. Par amour plus encore que par reconnaissance, il l'épousa.

Déjà, le prince était un vieillard. La princesse, qui jusqu'alors avait vécu dans le cercle étroit d'une existence bourgeoise, se passionna tout à coup pour le grand monde et ses fastueux plaisirs.

Elle était faite pour y briller.

Ses triomphes furent d'abord applaudis, encouragés par le vieil hetman, qui s'en montrait glorieux. Mais l'âge, les souffrances ne tardèrent pas à lui défendre d'en être le spectateur.

Contraint de rester à l'hôtel, cloué dans son fauteuil, il exigea néanmoins que sa jeune femme continuât d'être l'une des reines de la société parisienne. Elle accepta cette douce violence, et bientôt, emportée par le tourbillon, délaissa de plus en plus le pauvre vieillard qui l'adorait.

Le ciel, heureusement, lui réservait une compensation : Valentine commençait à grandir.

L'enfant sembla comprendre l'ingratitude maternelle et se dévoua à la faire oublier. Elle devint la consolation, la joie de son beau-père, ou plutôt de son père, car elle le nommait ainsi, car il l'appelait sa fille.

Maintenant encore, maintenant surtout, c'était la compagne assidue, la fidèle amie du vieil hetman. Elle écoutait patiemment le récit de ses campagnes, elle lui faisait la lecture, elle l'associait à ses œuvres de charité.

Il était heureux, joyeux quand Valentine était là. A peine s'était-elle éloignée qu'il redevenait triste et sombre.

C'est dans cette situation d'esprit que nous allons trouver le prince Lubanoff.

Valentine n'était pas encore rentrée : il l'attendait.

Afin de ménager les yeux affaiblis du vieillard, les rideaux, à demi-fermés, ne laissent arriver jusqu'à lui qu'un demi-jour ; les angles de la vaste pièce restent plongés dans l'ombre. L'ameublement est en vieux chêne noirci par le temps. Çà et là, des armes, des costumes, un tableau rappelant la patrie absente. Sous les pieds, en guise de tapis, de riches fourrures.

Dans un vaste fauteuil en cuir de Russie, le boyard est immobile ; ses traits fortement accusés, son front chauve et proéminent, sa longue moustache, ses longs cheveux et ses gros sourcils blancs comme neige, tout en lui rappelle le type slave. Effectivement, les Lubanoff sont de la frontière polonaise.

N'étaient ses yeux tout grands ouverts, des yeux d'un bleu pâle et sans regard, on dirait qu'il est endormi.

Mais l'horloge de Boule ayant sonné, il secoue sa tête blanche, et d'un ton bref :

— Ivanowitch, dit-il, quelle est cette heure ?

Dans l'angle le plus reculé, une voix répond :

— Cinq heures, maître.

— Viens ici ! je veux me mouvoir, marcher..... Viens !

Déjà le moujick accourt et soulève le prince entre ses bras.

C'est un vieillard aussi, un ancien soldat. Sa physionomie annonce mieux que la servilité, elle atteste le dévouement.

Le prince parvient à se tenir debout, s'appuie sur l'épaule d'Ivanowitch. Ils ont tous deux la même taille, près de six pieds.

Après un silence, le serviteur se hasarde à prendre la parole.

— Maître, ne vouliez-vous pas marcher ?

— Marcher ! gronda le vieil hetman, marcher dans ma chambre, entre quatre murs, comme un ours dans sa fosse ! Ah ! tu es heureux, toi ! Plus libre que ton maître, tu jouis de l'espace et du soleil !

— Permettez, cependant...

— Tais-toi !... Donne-moi ma canne et marchons... marchons !

Ils se mirent en mouvement et l'on entendit bientôt le bruit de la jambe de bois, qui, roide et saccadée, martelait impatiemment le parquet.

Puis, ce furent des gémissements douloureux, des exclamations de colère :

— Hon ! je souffre !... je ne peux pas... Mieux vaudrait être mort... Je me tuerai. Tais-toi, te dis-je ! Ah ! mille tonnerres !

Et tous les jurons russes, polonais, slaves se succédèrent sous la moustache blanche, et tout tressauta, trembla dans la chambre, jusqu'au moment où le prince, épuisé, pantelant, grimaçant, retomba dans son fauteuil.

En ce moment même, la porte s'ouvrit, donnant passage à Valentine.

— C'est elle ! enfin... s'écria le vieillard. Ah ! c'est toi, mon enfant, c'est toi !

Une transfiguration complète, instantanée, venait de s'opérer en lui. Plus de colère, plus de désespoir, plus de souffrances. Son visage s'épanouit, s'éclaira. Il avait des larmes de joie dans les yeux. Il souriait.

La jeune fille était auprès de lui, l'embrassait.

Pour mieux la remercier, pour avoir un accent

plus tendre, il retrouva des mots de son pays, de son enfance :

— Oh ! doutchenneka maïa ! doutchenneka maïa ! ma chère petite amie !

Ivanowitch ne put retenir un cri de plaisir.

— Hurrah ! hurrah ! le barine n'a plus affaire à son vieux moujick !

— Va-t'en ! interrompit brusquement le maître.

Mais, pour se faire pardonner cette rudesse, il trouva sous sa main quelques pièces d'or et, les jetant sur le tapis :

— Emporte ! ajouta-t-il d'un ton radouci... Mais ramasse donc, starchi dourake !

En bon Français, vieille bête.

Ce mot choqua sans doute le fidèle serviteur ; il allait se précipiter sur les roubles ; il se redressa tout à coup, refusant du geste.

Le barine lui tendit la main.

Ivanowitch vint tomber à ses pieds, baisa cette main, mais sans la toucher autrement que des lèvres, et, toujours courbé, sortit à reculons.

Valentine eut un mouvement pour le rappeler.

— Et l'argent ?

— Ne t'inquiète pas, fit le prince. Il viendra l'empocher quand nous ne serons plus là.

Puis, avec l'accent réjoui d'un vieil enfant :

— Assieds-toi là, fillette, dit-il, en face de moi, ma main dans les tiennes, et causons. Quand tu me quittes, je deviens sourd, je deviens aveugle ; mais te voilà !... Je te vois, je t'entends, parle !

— Cher père ! bon père ! dit-elle en le baisant au front...

— Eh bien ! demanda-t-il, le portrait ?

— Admirable ! un chef-d'œuvre... C'est aussi l'opinion de Jean-Baptiste. Il va venir.

— Tant mieux ! C'est un esprit juste, un noble cœur. Et puis, il a de la volonté, du talent; il arrivera !

Les lèvres de Valentine allèrent s'appuyer sur la main du prince.

— Ah ça ! reprit-il, je te trouve bien joyeuse, aujourd'hui ! Il n'est donc plus question de mariage?

Le sourire de Valentine s'effaça tout à coup.

Le vieillard fronça le sourcil.

— Ah ! ah ! reprit-il, encore? Si cependant tu ne veux pas, dis-le moi...

— C'est le désir de ma mère, murmura-t-elle.

— Ta mère... Oh! je l'ai bien aimée... Je l'aime toujours... Mais ton bonheur avant tout, mon enfant... J'y suis interressé ; d'ailleurs, tu me resterais... Parle.

Elle évita de répondre, et prêtant l'oreille :

— Ah ! voici qu'on vient... C'est Jean-Baptiste.

Jean-Baptiste rendit compte de sa mission. Il ne fit que répéter, ou du moins à peu près, les paroles de Valentine.

— Je suis content, fit le boyard. Si ma fille doit m'être enlevée par un mari, du moins je conserverai son image.

Jean-Baptiste et Valentine avaient en même temps relevé les yeux l'un vers l'autre ; ils les baissèrent en même temps.

— Mais, reprit le vieillard, ce n'est pas tout. On m'a raconté l'histoire de certaine fée... bienfaitrice des pauvres artisans... C'est bien, cela ! Si vos protégés s'en montrent dignes, moi je leur donnerai la maisonnette. Dites-le leur de ma part, Jean-Baptiste... et voyons, puisque nous sommes tous les trois en belle humeur, n'auriez-vous pas à nous offrir l'occasion de quelque autre charité ?

Le jeune ingénieur regarda Valentine.

— J'attends vos ordres, mademoiselle.

— Ah ! fit le vieux Dimitri, c'est donc toi, mon enfant, qui as su deviner une misère, une douleur ?...

— Peut-être, mon père.

— Explique-toi.

Valentine se recueillit un instant. Puis, comme renouant la chaîne d'un souvenir lointain :

— Mon père, dit-elle, vous rappelez-vous une grande peur que j'ai eue autrefois dans le jardin ? J'étais encore enfant ; je jouais sous les tilleuls. On avait laissé la petite porte ouverte. Un homme était entré, s'élança tout à coup vers moi, me souleva de terre et m'embrassa. J'avais crié ; on accourut, il s'enfuit.

— En effet, dit le prince, je retrouve dans ma mémoire quelque chose qui ressemble à cela. Mais il y a bien longtemps... Tu vas avoir dix-huit ans, mignonne...

— La physionomie de cet inconnu m'avait frappée, reprit-elle ; il semblait très ému, il pleurait. Un peu plus tard, sur le quai, par la fenêtre, je le revis, je le reconnus ; il me regardait. Parfois encore, aux Tuileries, dans les promenades, cette figure étrange se retrouva sur son chemin. Ses grands yeux tristes et doux semblaient me poursuivre. On m'avait dit : C'est un fou ! J'en avais crainte et j'en avais pitié. Puis, j'entrai au couvent. Il cessa de se montrer à moi ; je l'oubliai. Des années se passèrent. Lorsque je revins auprès de vous, il reparut. Ce n'était plus le même homme ; il avait vieilli, mais c'était toujours le même regard. Bien souvent, le soir, quand je vais sur la terrasse, il est là. A travers la glace de notre voiture, à travers la vitre du salon, je l'aperçois tout à coup ; mais si je veux le désigner à la personne qui m'accompagne, il a disparu. On dirait qu'il me recherche et m'évite à la fois. Depuis quelque temps, chaque dimanche, au sortir de l'église, il se tient sous le porche avec les pauvres. Cependant, il ne mendie pas. Vingt fois j'ai voulu le montrer à ma mère, mais sans jamais y réussir. Tout à l'heure encore, dans l'atelier de Max Sterner... Mais, cette fois, M. Jean-Baptiste a tout vu. Demandez-lui ce qui s'est passé, mon père.

XII

LA MISSION DE PEPITA

Jean-Baptiste, étonné, ému de ce qu'il venait d'entendre, raconta ce dont il avait été témoin.

— C'est étrange! fit le prince, et je cherche vainement à m'expliquer... Peut-être ce pauvre homme a-t-il perdu une fille qui te ressemblait. Il la recherche, il croit la retrouver en toi.

— Oui! s'écria Valentine, oui, je comprendrais alors son émotion, sa muette prière, ses larmes et son cri de joie, lorsque, tout à l'heure, je lui ai donné ma main.

— Ah! fit le prince avec un instinct jaloux, ah! tu lui as permis...

— Et mieux encore qu'avec la Mariole, dit Jean-Baptiste, c'était de la vraie charité.

— Mais, reprit Valentine, vous semblez le connaître.

— Je le connais quant à présent, mademoiselle, et c'est un bon vieillard que j'aime... Mais j'ignore son passé. Taciturne à cet égard, il ne se laisse deviner par personne,

— Interrogez-le, cependant, je voudrais savoir...

Jean-Baptiste promit.

Une catastrophe allait l'empêcher de tenir sa promesse.

Il est temps de retourner à nos deux jeunes pifferari.

Déjà Pépita semble remise de sa blessure ; il ne lui en reste qu'une cicatrice au front. Ses grands yeux noirs sont plus brillants que jamais. Le sourire a refleuri ses lèvres.

Noël, comme d'habitude, est rêveur. Ils sont assis tous deux devant la cabane de Jacques, qui, d'un air paternel, les interroge et les conseille.

C'est le soir, c'est la nuit, une belle nuit d'été. Dans le ciel, d'un bleu sombre, toutes les constellations scintillent. Çà et là, dans les buttes, où plane le silence, un four à plâtre flamboie.

— Enfants, dit le vieux bohémien, je voudrais vous guérir de la vie nomade et vous retenir ici. Un bon métier, promptement appris, vous permettrait d'y vivre heureux... Mais, non, non, non, vous êtes des oiseaux voyageurs, et déjà, sous la tentation du départ, vous avez des impatiences dans les ailes.

Noël fit un signe affirmatif, et, posant une main sur l'épaule de Pépita, de l'autre, il semblait lui indiquer la route.

— Je te comprends, lui répondit-elle, il ferait bon cheminer à cette heure et par une pareille nuit. Ne dirait-on pas que les étoiles nous regardent ?

Robinson haussa l'épaule et murmura :

— Où irez-vous ?

Le muet, du bout de son pied, souleva quelques feuilles mortes que le vent emporta.

— Où vont-elles ? dit Pépita traduisant la pensée de son compagnon.

Puis après un silence et d'un ton plus réfléchi :

— Père Jacques, reprit-elle, nous ne quitterons pas encore ce pays. Ce n'est pas le hasard, c'est un devoir qui nous y amène.

Le vieillard, tout étonné, la regardait.

Elle étendit successivement la main vers la hauteur, vers la plaine, vers les buttes.

— Les buttes Chaumont, n'est-ce pas?... La Villette?... Belleville ?...

— Oui.

— C'est bien ici que mon père m'avait envoyée.

— Dans quel but ?

La jeune Italienne tira de sa gorgerette un scapulaire ; elle en sortit une lettre cachetée.

— Père Jacques, je cherche quelqu'un ; voici le nom.

La nuit était si claire que, sur l'enveloppe, le vieux bohémien put lire ces mots : « Martin-le-Borgne. »

— C'est bien ce nom-là, dit la fillette ; connaissez-vous l'homme ?

Après avoir cherché dans ses souvenirs, il répondit :

— Je crois que, parmi les hôtes accidentels du four à plâtre, quelqu'un s'appelle ainsi. Voulez-vous que nous allions voir ?

— C'est le vœu de mon père mourant, répondit l'Italienne. Allons.

Elle s'était redressée d'un air résolu. Le vieillard l'imita tout en lui demandant :

— Mais cet homme, ce Martin-le-Borgne, si tu ne le trouvais pas ?

— J'irais porter l'écrit à ceux qui rendent la justice.

— Sais-tu de qui il est question?

— De Noël.

Noël aussi s'était levé. Frappant sur sa poitrine, il sembla confirmer les paroles de sa compagne.

— Oui, c'est de moi qu'il s'agit.

Déjà la physionomie mobile de la jeune bohémienne changeait d'expression.

Attristée, pensive, elle murmura :

— Peut-être ce qui est écrit là-dedans va-t-il nous séparer.

Noël s'élança vers elle et voulait s'emparer de la lettre, sans doute pour l'anéantir. Mais Pépita ne le lui permit pas.

— Non ! dit-elle, non ! Mon père l'a voulu, je lui obéirai quand bien même il te faudrait renoncer à moi, Noël.

Il l'étreignit dans ses bras, et, levant les yeux vers le ciel pour le prendre à témoin, par un geste expressif, il sembla répondre :

— Jamais !

La lune en ce moment, passait entre deux nuages. Elle éclaira l'intéressante physionomie du jeune muet. Il était vraiment beau. Sa pâleur, son air d'innocence et de simplicité lui prêtaient même un charme de plus. Quelque chose de vague et de poétique flottait dans ses grands yeux bleus, dans son sourire, où déjà la bonté se révélait comme annonçant l'intelligence.

Que fallait-il pour qu'elle se réveillât à son tour ? Peut-être une étincelle.

On se mit en route vers la hauteur.

Sous la grande toiture noire du four à plâtre, au milieu d'une atmosphère rouge, les bohémiens et les ouvriers se démenaient comme autant de diables ; ceux-ci travaillant avec activité, ceux-là faisant ripaille.

On eût dit la Cour des Miracles. Il y avait là de véritables truands, toutes sortes de rôdeurs, maraudeurs et autres voleurs de poulailler, comme dit François Villon, leur illustre ancêtre.

La chasse avait été bonne ce jour-là. Des pommes de terre cuisaient sous la cendre chaude, non loin d'une marmite d'où s'exhalait le parfum des haricots. Devant les fours et sur les charbons ardents, grillaient, en crépitant, des rôtis hasardeux. Il y avait même du dessert, des vins et des liqueurs.

Aussi Polydore, qui faisait en ce moment son entrée, s'écria :

— Fa ! Fa ! j'arrive à propos. Lucullus soupe ce soir chez Lucullus ; messieurs, je vous salue. Triple ventre ! faites-moi place.

Et, comme pour payer son écot, de sa formidable basse-taille, il entonna ce cantabile du *Pré-aux-Clercs*, alors dans toute sa primeur :

Les rendez-vous de noble compagnie
Se donnent tous dans ce charmant séjour.

Après qu'on eut applaudi, l'un des cuisiniers, s'avançant en grand cérémonial :

— Madame est servie ! dit-il.

On s'attabla. La table, c'était le sol ; mais une nappe blanche comme la neige le recouvrait ; une nappe de plâtre.

Comme sièges, des pierres, des fagots, des brouettes.

Toutes ces mâchoires affamées se mettaient d'avance en mouvement ; toutes ces mains crochues s'évertuaient à saisir un morceau choisi.

— Passez-moi d'abord un bifteck de cheval ! cria Polydore. C'est nutritif et j'ai de la dent ! Fa ! fa ! que la fête commence !

Depuis déjà quelques instants, Noël et Pépita, sous la conduite de Jacques, étaient arrivés en vue de cette bacchanale.

— Voilà, dit le vieillard, où conduit le vagabondage.

Mais l'esprit de la jeune Italienne tendait à son but.

— Souvenez-vous, dit-elle en montrant son scapulaire, souvenez-vous de ce qui nous amène ici, Noël et moi.

Jacques, leur faisant signe de rester dans l'ombre, s'avança seul vers le foyer, vers les convives.

A son aspect, quelques physionomies, plus suspectes que les autres, se dissimulèrent.

— Camarades, dit-il, l'un des vôtres ne s'appelle-t-il pas Martin-le-Borgne ?

— Hon ! grommela dans le coin le plus sombre une voix rauque ; qui m'appelle ?

Une forme humaine en même temps, se redressait : l'homme au carrick.

— Ah ! fit Jacques en l'examinant avec ce regard qui sondait les consciences, ah ! Martin-le-Borgne, c'est vous !

Il hésitait à répondre.

Polydore crut devoir intervenir.

— Borgne, dit-il, ça se voit de reste ; mais il y a plus d'un âne à la foire qui s'appelle... Est-il certain que ce soit monsieur?

— Eh ! oui, s'écrièrent plusieurs voix. On le connaît... C'est Martin, c'est le cyclope !

La chambrée tout entière éclata de rire.

L'homme au carrick eût préféré moins de succès, plus d'incognito. Il promena sur l'assistance un regard inquiet, hargneux.

Puis, tout à coup, ayant rencontré la pâle figure de Noël, qui émergeait de l'ombre, ainsi qu'un spectre, il devint immobile.

Cependant Pépita s'avançait, sa lettre à la main. Elle alla bravemeut la présenter à Martin-le-Borgne.

Celui-ci, stupéfait, embarrassé, finit par prendre l'enveloppe. Il la retournait gauchement dans ses mains, lorsque la basse-taille, s'armant d'un brandon tout en flammes, lui dit ou plutôt lui chanta sous forme de récitatif :

— Permettez que je vous éclaire, monseigneur !... Lisez !... Ah ! ah ! lisez !

Un point d'orgue avait enjolivé ce dernier mot. Tous les bohémiens le répétèrent, mais brusquement, brièvement :

— Lisez !

Obéissant à cette sommation lyrique, Martin-le-Borgne brisa le cachet, ouvrit le pli et commença la lecture avec indifférence.

Mais tout à coup, dès les premières lignes, il tressaillit, et son regard, singulièrement troublé, alla droit vers Noël.

Puis il continua de lire. Sa main était devenue

tremblante, sa poitrine haletait. Quelque terrible souvenir se réveillait en lui. Une fois encore, il regarda Noël et recula comme à l'aspect d'un fantôme.

L'heure, le lieu, ces tourbillons de fumée, ces rougeurs, ces figures étranges, tout prêtait à cette scène quelque chose de fantastique.

On ne riait plus, on se taisait, chacun regardant, écoutant, les yeux fixes et la bouche béante.

Martin-le-Borgne, ayant tout lu, demeura atterré. On eût dit que, comparable à une tortue rentrant sous sa carapace, il voulait se cacher dans son carrick.

Mais Jacques, s'avançant, le frappa sur l'épaule.

— Eh bien ! demanda-t-il, que répondez-vous ?

— Parlez ! Parlez ! dit Pépita toute frémissante d'impatience.

Il se réveilla comme en sursaut, avec épouvante. Puis, déchirant la lettre, il en jeta les morceaux dans l'un des fours, où la flamme, avivée par le courant d'air, tout aussitôt les dévora.

Il y eut un murmure. Quelques voix, s'irritant de son silence et de l'acte qui s'en était suivi, lui en demandèrent compte.

— Ah ! c'est brûlé, dit-il enfin ; je n'ai rien à répondre ; on s'est trompé ; cette lettre n'était pas pour moi.

— Vous mentez ! s'écria Jacques. Votre stupeur prouve que vous mentez ! Pourquoi ? Quel était le secret contenu dans cette lettre ? Je l'ignore, mais il faut parler, je le veux !

— Possible ! mais moi, je ne veux pas, répliqua-t-il avec arrogance.

Pépita était à ses pieds, le suppliant de la voix et du geste.

Il la repoussa brutalement.

Noël releva sa sœur et, superbe de colère, toisa fièrement le butor :

— Après? conclut celui-ci. Quand j'ai dit non, c'est non !... Bonsoir la compagnie, je me recouche.

Mais Jacques ne l'entendait pas ainsi. Calmant d'un signe l'indignation générale, il étendit le bras vers le dernier arceau du four à plâtre qui se découpait en rouge sous le ciel noir, et s'écria :

— Hors d'ici, misérable ! Va-t'en ! Ceux qui t'entourent peuvent avoir à se reprocher des fautes, mais non des crimes... Je devine que c'est un crime que tu viens de commettre... Ne réplique pas !... J'ai déjà de mauvais renseignements sur toi... Je te chasse... va-t'en !

Cet arrêt, cet anathème, tous les bohémiens le répétèrent d'une seule et même voix.

Le misérable voulut cependant se rebiffer ; il fit un pas vers le vieillard. Mais Vendredi parut surgir de terre, et, devant Martin-le-Borgne, il se dressa, tout prêt à lui sauter à la gorge.

D'autre part, tous les bohémiens s'étaient levés, menaçants et furieux. Déjà même quelques-uns ramassaient des plâtras et des bâtons.

Craignant d'être roué, lapidé, l'homme au carrick s'esquiva prudemment.

Il disparut par les buttes. Mais, après un détour, rétrogradant vers la maisonnette du père Robinson :

— Oh ! je me vengerai du vieux ! grommela-t-il. D'ailleurs, si la petite aux yeux noirs savait quelque chose... si elle parlait... il y va pour moi de l'échafaud... Veillons au grain !

Et, rampant parmi les crevasses et les broussailles, il se rapprocha de la cabane.

Un sourd grognement de Vendredi l'arrêta tout à coup.

Le brave chien était là, faisant bonne garde.

Un peu plus loin, sur le banc de la maisonnette, Jacques était assis entre Noël et Pépita.

Celle-ci semblait faire un récit. Martin ne put rien entendre ; il dut se borner à épier les gestes.

Il vit le vieillard s'emparer vivement d'une lettre qu'on lui présentait, la lire avec une émotion des plus vives, puis saisir la main des deux enfants et les entraîner dans la direction de la grande Usine.

Alors, sortant de la crevasse où il était caché :

— Minute ! dit-il, j'arriverai avant eux.

Il serpenta, roula sans être vu jusqu'au bas des buttes ; il courut dans l'ombre jusqu'au flanc de la grande Usine jusqu'à la petite porte par où sortait le comte d'Alvimare, trouva dans sa poche la clef de cette porte, et, sans bruit, furtivement, pénétra le premier dans la maison.

XIII

LE REVOIR ET MOURIR

On ne saurait nier les pressentiments.

Jamais le comte d'Alvimare n'avait été aussi anxieux, aussi enfiévré par le souvenir. Malgré l'heure avancée de la nuit, il ne songeait pas encore au sommeil. Il allait et venait dans sa chambre à coucher.

Pour bien comprendre ce qui va suivre, il faut connaître cette chambre.

D'un côté, l'alcôve, fermée par des rideaux, de l'autre, une vieille armoire de chêne, richement sculptée.

On y remarque, comme support, entre les panneaux, un fantastique griffon dont les yeux sont en émail vert.

Une lourde table à pieds tournés occupe le centre de la pièce; cette table est encombrée de cartons, de papiers, de journaux, de livres.

Les murailles sont tapissées en cuir de Cordoue,

d'une teinte sombre ; une Vierge, d'après Murillo, y est suspendue. Vis-à-vis du lit, un Christ d'ivoire. Entre les deux fenêtres, masquées en ce moment par de lourdes tentures, un grand portrait, le portrait d'une jeune femme admirablement belle, belle surtout par le charme de la bonté. C'est celle qui est morte assassinée, c'est la comtesse d'Alvimare.

La pendule, une superbe Niobé de bronze, sonne minuit et demi.

Le vieillard a relevé la tête ; ses yeux rencontrent le portrait que la lueur des bougies semble faire revivre.

— Pauvre chère femme ! dit-il, il y aura bientôt seize ans !... Seize ans... Quand donc nous réunirons-nous, mon Dieu ?

Il regardait l'image du Christ.

Après un silence qui fut une prière :

— Vivre ! reprit-il, à quoi bon vivre quand on a perdu tout ce qu'on aimait ? Est-ce que je vis d'ailleurs ?... Ma pensée, mon âme est avec eux !... il ne reste de moi qu'un fantôme... une statue... Je suis comme cette Niobé de bronze qui pleure éternellement ses bien-aimés.

Il fit quelques pas, s'arrêtant devant la toile où la Vierge mère souriait à l'enfant Jésus.

— Un enfant ! murmura-t-il, c'est la joie, le bonheur, la vie ! Quoi de plus adorable ? quoi de plus divin ? Grande et bénie est la religion qui nous agenouille devant un enfant !

Un léger bruit monta du dehors.

— Hein ! fit le comte, qu'est-ce que cela ? Il m'a semblé qu'on refermait la petite porte... Moi seul en ai la clef... Impossible !

Puis il retomba dans sa rêverie, mais non dans sa

tristesse. Au contraire, il souriait maintenant. Bientôt il murmura :

— Encore cette espérance ! Que de fois ne m'y suis-je pas laissé reprendre !... Que de fois ne me suis-je pas figuré que mon fils m'était enfin rendu, que je le sentais venir... Illusion, folie !

Tout à coup, à la petite porte donnant sur la campagne, on frappa.

— Je ne m'étais donc pas trompé, fit-il. Mais qui peut venir par là, à pareille heure ?

Il écarta les rideaux, ouvrit la fenêtre.

Sur le fond lumineux du ciel, les buttes Chaumont, vues de profil, découpaient leurs sombres ondulations bleuâtres.

Devant la petite porte, sur le chemin qui longeait le flanc de la maison, trois personnes étaient arrêtées qui attendaient.

— C'est moi, c'est Jacques ! dit l'une d'elles. Il faut que je te parle à l'instant. Viens ouvrir.

— Je descends, reprit le comte, qui prit la lampe et gagna l'escalier, laissant derrière lui la porte ouverte.

Presque aussitôt, dans l'entrebâillement de cette porte, Martin-le-Borgne se faufila, lestement et sans bruit.

— J'allais me perdre dans le couloir, murmura-t-il. Où me cacher ?... Eh ! comme il y a seize ans, derrière les rideaux de l'alcôve.

Il s'en rapprochait, glissant à pas de loup sur le tapis, lorsque, soudainement, il se rencontra face à face avec le portrait de la comtesse, vivement éclairé par les bougies.

A cette vue, frappé de terreur, le misérable recula. Mais, prompt à se remettre :

— Que c'est bête! fit-il, une image... Les morts ne reviennent pas... Mais on monte!... alerte!

Il se précipita vers l'alcôve ; il y disparut.

Le comte rentra, suivi de Jacques de Pépita, de Noël.

Ces deux derniers, instinctivement émus, tout troublés d'ailleurs à l'aspect d'un luxe nouveau pour eux, restèrent à l'entrée, se rapprochant l'un de l'autre.

Jacques, au contraire, s'était avancé, très agité, très pâle. Il prit les mains du comte et les serra convulsivement dans les siennes; il voulut parler, sa bouche crispée resta muette.

— Jacques... fit d'Alvimare de plus en plus étonné, mais qu'as-tu donc?... Calme-toi... parle...

— André!... s'écria-t-il enfin, mon bon André!... mon vieil André, prépare-toi à une grande secousse... sois fort...

— S'agirait-il d'un nouveau malheur?...

— Mais regarde-moi donc! Si je pleure, c'est de joie! Ah! je le savais bien que ton fils n'était pas mort!...

D'Alvimare chancela, le visage frémissant, la main sur le cœur.

— Assieds-toi, lui dit Jacques. Domine-toi... soyons prudents. Ecoute... Nous sommes seuls, n'est-ce pas?

— Oui! oui! répondit André tout frémissant d'impatience ; mais qu'amènes-tu?

D'une main qui tremblait, d'un regard plein d'an goisses, il désignait Noël et Pépita.

— Oh! ceux là ne sont pas de trop, répondit en souriant le vieux bohémien. Il faut qu'ils écoutent et qu'ils regardent...

Noël et Pépita regardaient, surtout celle-ci avec une curiosité naïve, avec un peu d'appréhension peut-être ; celui-là, en proie à une émotion qui s'éveillait et grandissait en lui, mais vague encore comme un souvenir lointain.

— André, commença Jacques, la nuit où la comtesse fut assassinée, la nuit où brûla ta maison, un homme, un ravisseur, s'enfuyait par les buttes, en cachant un enfant sous son manteau... un petit garçon de quatre ou cinq ans. Cet enfant que l'épouvante avait rendu muet... muet comme ce jeune homme que tu vois là... devant toi..., cet enfant fut remis à de pauvres gens, à condition qu'il passerait pour le leur et qu'on l'emporterait immédiatement, bien loin, en Italie, pour ne revenir jamais... C'étaient des Italiens. Comprends-tu?

— Non... non...

— Eh bien ! lis. Il lui tendit la lettre donnée par Pépita.

Tout à coup, à l'autre extrémité de la chambre, Noël jeta un grand cri.

Il venait d'apercevoir le portrait de la comtesse ; et comme attiré, comme charmé par cette image, il s'en était rapproché vivement.

Après l'avoir longuement contemplé, il se mit à tourner autour de la pièce, regardant tout avec avidité. A peine eut-il aperçu la vieille armoire de chêne et le griffon aux yeux verts, qu'il y courut, et, sans hésiter, il appuya sur les yeux du monstre. Deux tiroirs, par l'effet d'un ressort secret, s'ouvrirent aussitôt.

Dans cette cachette se trouvaient les jouets de l'enfant que le comte avait perdu. Noël les prit, les agita, les baisa, tout en continuant de rire aux éclats et de pleurer à chaudes larmes.

Plus de doute pour le père qui, cependant, n'avait ait que jeter les yeux sur l'écrit qu'il tenait entre ses mains.

Il s'était redressé, il s'avançait vers Noël en lui tendant les bras, en lui criant :

— Georges ! Georges ! mon enfant ! mon fils !

A ce nom, Noël avait été comme frappé au cœur.

Les yeux démesurément ouverts, il regardait celui qui l'appelait ainsi.

Jacques reprit le candélabre et, comme tout à l'heure, pour le portrait de la comtesse, maintenant il éclairait le visage du comte.

Noël tremblait, frissonnait comme un arbre secoué par le vent.

Ses mains convulsives se portaient à ses lèvres, à sa gorge, comme pour en arracher un dernier obstacle.

Enfin, bondissant dans les bras du comte d'Alvimare :

— Père ! cria-t-il. Ah ! père, mon père !

Puis, après une étreinte passionnée, se retournant vers le portrait :

— Ma mère ! dit-il avec un accent de triomphe et d'amour. Là... là... c'est ma mère !

Et s'arrêtant tout à coup stupéfait, ravi d'entendre enfin sa voix :

— Ah ! j'ai parlé !

Quels mots pourraient peindre la joie délirante du comte d'Alvimare, de son fils, de Pépita, de Jacques.

— André, disait celui-ci, calme-toi... prends garde... la joie pourrait te tuer.

En effet, le vieillard avait chancelé, il retombait

assis, mais ayant toujours entre ses bras, sur son cœur, le fils qu'il retrouvait enfin; son cher et beau Georges, Georges d'Alvimare, qui, maintenant, agenouillé devant lui, recevait et lui rendait ses caresses.

— Ah! balbutiait l'heureux père, ah! ce moment rachète seize années de douleurs! Dieu bon m'a rendu mon enfant, et, par un second miracle, il lui permet de m'appeler son père! Oui, oui, Georges, appelle-moi ton père... Encore!... toujours!... Ah! Jacques, comment m'acquitter envers toi! Ne disais-tu pas tout à l'heure que j'en pouvais mourir... mourir! Oh! mon Dieu! que se passe-t-il en moi! mes yeux se voilent!... mon cœur s'arrête... j'étouffe!... Ah!

Le vieillard était évanoui.

Les soins empressés de Jacques et de Pépita le rappelèrent à la vie.

Il rouvrit les yeux, chercha, retrouva son fils.

— Ah! cette fois, je n'ai donc pas rêvé, dit-il. Mais si la mort m'avait surpris... J'ai demandé si souvent à Dieu de te revoir, de t'embrasser... et puis mourir après! S'il allait m'exaucer avant que j'aie pu te faire reconnaître et t'assurer mon héritage... Oh! je me rappelle... ce testament... J'avais fait un testament... Il est chez le notaire... Jacques... Jacques, va réveiller Jean-Baptiste... la chambre au-dessus de celle-ci... Tu sais?... Je t'en supplie... Va!

Jacques obéit à cette prière, il disparut.

Noël, ou plutôt Georges, était allé chercher Pépita; il l'amenait vers son père, il lui dit:

— C'est ma sœur.

— Oui, répondit le comte, elle sera ma fille... Je me souviendrai... Vous êtes tous deux mes enfants... mes enfants!

Le vieillard leur tendait les bras.

Ils allaient s'y précipiter, lorsque, soudainement, tous les deux, ils se reculèrent avec effroi.

Derrière le fauteuil du comte, ils venaient d'apercevoir l'horrible Martin-le-Borgne, qui se redressait vivement, armé d'un couteau.

XIV

CE BON M. JACOBUS

Il y avait, à cette époque, vers l'extrémité du bois de Romainville, presque sur la crète qui domine les carrières, une étrange habitation.

De loin, à travers les ormeaux et les chênes, on apercevait une porte flanquée de deux pilastres, sur chacun desquels un lion tenait une boule entre ses griffes. C'était presque l'entrée d'un château ; mais en y regardant de plus près, quelle dévastation !

Le vieux mur d'enceinte s'écaillait, se crevassait de toutes parts. Les deux battants de la porte se détachaient de leurs gonds rouillés, descellés. Les pilastres s'effondraient ; les lions, prêts à tomber, n'avaient plus ni crinière ni mâchoires.

Dans le jardin, tout s'en allait à l'abandon. Plus d'allées : l'herbe les avait envahies. Plus de massifs ni de bosquets, mais des amas de feuilages à travers lesquels perçaient çà et là quelques poteaux vermoulus, quelques treillis comparables à la mâture d'un vaisseau naufragé. Partout des plantes sèches et des arbres morts. C'était lamentable.

On en pouvait dire autant de la maison, bâtie dans le style Louis XV : *une petite maison* comme on en rencontre encore dans la banlieue de Paris. Vous voyez cela, n'est-ce pas ? Le rez-de-chaussée, qu'exhausse le sous-sol est décoré d'une colonnade et couronné d'une galerie à balustres. Au-dessus, des mansardes : une girouette historiée les surmonte. C'est, ou plutôt c'était, au temps des fermiers généraux ou des grands seigneurs à parties fines, une sorte de Trianon romainvillien.

M. le vicomte Gontran d'Alvimare en est actuellement le propriétaire. Il y donna, mais il y a déjà longtemps, quelques dernières fêtes dont il fut parlé dans les coulisses et les gazettes. Puis une bande de voleurs l'ayant dévalisé, il l'abandonna.

Quand la ruine reste livrée à elle-même, elle s'en donne à cœur-joie. Un hiver suffit pour rendre le pavillon méconnaissable ; quelques autres l'achevèrent. Présentement, la girouette grinçait, penchée sur le toit. Les balustres étaient tombées ou chancelaient comme un jeu de quilles à travers lesquelles les lions édentés du porche eussent jeté leur boule. Une gouttière pendait par-ci, une corniche s'affaissait par-là. Déjà des pierres manquaient, laissant un trou dans lequel poussait une giroflée sauvage. Les grandes persiennes, toutes dépenaillées, perdaient leurs palettes qui battaient en dehors avec un bruit de crécelle enrouée. Sur le perron, aux pierres disjointes, s'étendaient toutes sortes de scories et moisissures.

Bref, une affreuse décrépitude, un délabrement complet.

Cependant, ce débris était habité.

Sur la façade orientée vers Paris, une fenêtre s'ouvrait chaque jour; chaque nuit, elle restait éclairée, parfois même très tard.

Si vous vous étiez enquis du nom de l'habitant, mais à Romainville ou bien au Pré Saint-Gervais, car il n'avait pas de plus proches voisins, tout le monde vous eût répondu, peut-être même avec un sourire :

— Eh! c'est ce bon M. Jacobus!

On s'en souvient, ce bon M. Jacobus avait été le précepteur, puis l'intendant du vicomte Gontran d'Alvimare.

Lors de sa retraite, il était venu se loger à l'ermitage que nous venons de décrire, afin d'y continuer en paix ses recherches scientifiques.

C'était un chimiste, ou plutôt un alchimiste d'outre-Rhin. De pareils types n'existent que dans les contes d'Hoffmann.

Figurez-vous, sous un bonnet de fourrure affligé de la mue, sous un bonnet de soie noire enfoncé jusque sur la nuque, figurez-vous un front chauve et de rares cheveux jaunes; des lunettes vertes; un bec d'oiseau de proie; des pommettes, une bouche, un menton dans le genre de ceux des casse-noisettes de Nuremberg; enfin, supportant le tout, le cou d'un vautour. Comme détail caractéristique, ajoutons que Jacobus était bossu : un bossu de la grande espèce.

Afin de rappeler qu'il avait été professeur, afin de faire croire qu'il était savant, Jacobus ne portait que des cravates blanches; je vous donne à penser leur blancheur! Il était vêtu d'une longue houppelande olivâtre à brandebourgs dévastés : c'était tout à la fois une robe de chambre et une redingote à la propriétaire, comme on disait alors.

Quel propriétaire et quelle redingote! On y eût retrouvé toutes les nuances que sème l'automne dans une forêt.

Les pans surtout, les pans avaient tant de taches, qu'ils ressemblaient à des cartes de géographie.

En dessous, flottaient d'énormes poches, les poches de Bertrand, cet illustre acolyte de Robert-Macaire.

Que pouvaient-elles contenir? Mystère!

Des culottes de ratine noire, des bas de filoselle grisâtre, des savates à boucles rouillées complétaient cet accoutrement hétéroclite.

Il vivait solitaire, mais ne s'en plaignait pas. C'était un Allemand et c'était un philosophe; un philosophe allemand ne s'ennuie jamais. Son laboratoire et sa pipe charmaient simultanément ses loisirs. Il vivait dans un nuage comme un dieu de l'Olympe, et faisait lui-même sa cuisine.

Une femme, surnommée la Picarde, venait seulement le matin pour apporter des provisions. En même temps, elle donnait un coup de balai; mais c'était tout, Jacobus entendait qu'on respectât les toiles d'araignée.

Il recevait quelques visites rares, mais flatteuses; c'était le vicomte Gontran arrivant à cheval; c'était, arrivant à pied, un certain M. Martin, lequel était borgne et portait ordinairement un carrick; puis quelques inconnus à figure étrangère et peu réjouissante. Probablement des compatriotes.

A ces distractions, s'adjoignaient quelques promenades dans le bois, quelques parties de dominos ou de piquet à l'estaminet des Trois-Communes. Jacobus y lisait, avec une prédilection toute particulière, la *Gazette des Tribunaux*. Abonné au cabinet de lecture, il choisissait toujours des romans de brigands : *Gilles de Retz*, *Compère Guillery*, *Mandrin*, *Cartouche*, *Schinderhannes*, *les Chauffeurs*, tels étaient ses héros. Peut-être cet honnête humoriste se livrait-il à l'étude comparée des bandits illustres.

Durant l'été qui allait finir, chaque soir, avant le souper, on l'avait vu franchir, un volume sous le bras, certaine brèche de l'enclos, qui s'ouvrait au bord d'une grande carrière formant précipice à la lisière du bois. Là, sur un banc confectionné de ses propres mains, il s'asseyait au soleil couchant, ouvrait son livre et regardait le panorama qui se déroulait à ses pieds, c'est-à-dire la plaine Saint-Denis, Pantin, La Villette, Montmartre et tout un côté de Paris dans la brume.

Le soir de cette même journée si fertile en événements pour les divers personnages de ce récit, à l'heure où Jean-Baptiste et Gontran d'Alvimare se rencontraient chez Max Sterner, à l'heure où Barnabin rentrait chez sa mère et ne l'y trouvait pas, ce bon M. Jacobus siégeait sur son banc favori, lorsque tout-à-coup, sur le chemin d'en bas, presque dans la carrière, une voix fit entendre ce refrain de Béranger :

Les gueux, les gueux
Sont des gens heureux,
Ils s'aiment entre eux,
Vivent les gueux !

Le chanteur n'était autre que Stanislas Mariol. Avec lui, sa femme et ses deux enfants.

Le plus jeune dans les bras de sa mère ; l'aîné, dans une hotte que son père portait sur le dos.

A la main, Mariol avait une bêche; il paraissait heureux et joyeux comme un digne artisan qui, après sa journée de travail, s'en va se promener le soir en famille.

La Mariole... je me trompe, Catherine était fraîche, pimpante et radieuse à ne pas la reconnaître; on eût dit une jeune maman de Greuze.

Quant aux deux marmots, ils jacassaient, gazouillaient ni plus ni moins que, dans les taillis, pinsons et fauvettes.

Cependant le papa, le front baissé, l'œil en terre, de sa bêche écartant l'herbe, semblait chercher quelque chose.

La carrière, à pic au milieu, formait une sorte d'amphithéâtre dont les deux côtés, s'abaissant vers le chemin, permettaient une montée facile.

— Trine, dit Stanislas, attends-moi là avec les mioches; moi, qui ne trouve pas mon affaire en bas, je grimpe.

Mais l'aîné des enfants se trouvant trop bien dans la hotte :

— Hue donc papa; hue!

Mariol, piaffant comme un cheval tout fier de son fardeau, se mit en marche vers la hauteur.

Mais bientôt, forcé de se ralentir, voire même de reprendre haleine, il releva la tête, et, seulement alors, il aperçut Jacobus.

— Qu'est-ce que cela, fit Mariol, un singe? Non, c'est un bourgeois de Romainville. Il doit connaître son terroir et va me renseigner. Holà, hé! monsieur... l'homme à la tête de chat.

Le bonnet de fourrure de Jacobus et ses lunettes vertes, dans lesquelles le soleil couchant allumait de fantastiques lueurs, justifiaient pleinement cette comparaison.

Il se fâcha cependant, il grogna :

— Hein? quoi? qu'est-ce qu'il y a, l'homme à la hotte?

— Faites excuse, mon bourgeois, répliqua courtoisement Stanislas; si c'était un effet de votre part, un renseignement, s'il vous plaît!

— Quel renseignement?

— Où pourrait-on trouver, par ici, de la terre de bruyère?

— Pourquoi?

— Pour mon jardin, un amour de jardin! Figurez-vous que, pas plus tard que la semaine dernière, j'étais encore acoquiné au cabaret. Est-on bête, monsieur! Le bonheur, c'est le jardinage de la famille. Tire donc pas mes oreilles, Petit-Pierre.

Perit-Pierre, c'était l'enfant qui, perché dans la hotte, excitait sa monture.

— Comme vous le voyez, poursuivit le père, la famille va bien; mais le jardinet veut être amendé, engraissé. C'est tout sable ou tout glaise. Hier soir, tous ensemble comme aujourd'hui, nous sommes allés du côté de la poudrette, sauf votre respect. Il faut du terreau pour les navets, les choux et les carottes. Présentement, je souhaite de la terre de bruyère, afin d'acclimater chez nous les rhododins, géraniums et autres bouquets du même acabit. Ah! mais, dis donc, Pierrot, si tu te mouchais ailleurs que dans la chevelure paternelle?

En ce moment, par l'ouverture de la brèche, une tête de femme s'avança.

— Hé! monsieur Jacobus! hé! voici le hareng saur pour votre souper!

— J'y vas, répondit-il. Merci, la Picarde! posez ça sur la statue tombée l'autre jour. Bien le bonsoir!

La Picarde disparut escortée par le regard curieux de Mariol, qui arrivait au niveau de la brèche.

Il aperçut, couchée dans l'herbe, la statue en question : c'était une Vénus pudique.

Le digne artisan se prit à rire :

— Certes, dit-il, j'estime le hareng saur; il mérite une place honorable... Mais dans le sein de Vénus... mazette!

Jacobus s'était levé; il lui tournait déjà le dos, ou, si vous le préférez, la bosse.

— Réponse, s'il vous plaît! cria Mariol du même ton qu'il eût demandé le cordon à sa portière.

En maugréant, Jacobus rentra dans ses murs.

— Quel vilain bossu! fit Stanislas. Souhaitons, pour l'honneur de Romainville, que les autres Romainvilliens ne lui ressemblent pas. Mais il a laissé son livre sur le banc. Qu'est-ce que c'est que ça! Voyons : *Ortalbano, ou l'étrangleur des Abruzzes*. Bigre! c'est affriolant, mais peu folichon.

En ce moment, Catherine rappela son mari.

— Hé! Mariol, voici là-bas des bruyères en pleine terre; viens les prendre et leur terre avec.

Il courut à l'endroit indiqué, remplit sa hotte, et, voyant qu'il en restait pour un second voyage :

— Je reviendrai demain matin, dit-il, avant la fabrique. Faut que notre jardin soit coquet, soit joli... comme ces deux petiots et leur mère. Ah! mais oui, Catherine; quand je les regarde ainsi dans tes bras, leur frais minois à côté de ton frais visage, il me semble voir une rose avec ses deux boutons... Un bouquet, quoi! avec lequel vous me souhaitez tous les jours ma fête.

Et Catherine souriait, tandis que les deux enfants battaient des mains.

— Ah! dit l'heureuse mère, nous serions bien ingrats si tous les soirs on ne priait pas chez nous le bon Dieu pour Jean-Baptiste... et pour la demoiselle.

On venait de s'embrasser; on reprit, en chantant, le chemin de la maisonnette.

La nuit venait.

Au détour du sentier, entre deux grandes haies dont l'ombre assombrissait le crépuscule, une femme parut tout à coup, venant en sens inverse avec rapidité.

Elle était enveloppée, encapuchonnée dans une ample mante noire.

En se croisant avec la famille Mariol, elle se drapa plus étroitement encore dans les plis de cette mante. Elle en masqua complètement son visage.

— Oh! oh! fit Stanislas en se retournant à demi, quelle femme calfeutrée! On dirait madame Humbert.

XV

DANS LA GUEULE DU LOUP

Mariol ne se trompait pas, c'était bien madame Humbert.

Ou plutôt, c'était la dame noire.

Une résolution énergique, une implacable volonté guidait, précipitait ses pas.

Elle arriva à la carrière abandonnée, gravit l'escarpement, atteignit la brèche, et là, sans bruit, avec précaution, regarda dans le jardin.

Personnes... aucun bruit... déjà les ténèbres..., une seule fenêtre éclairée.

— Il est là! dit-elle tout bas. Attendons!

Elle s'était reculée; elle fit le tour de la muraille, et vers la porte aux deux lions, derrière un épais taillis, elle s'embusqua.

Au bout d'une demi-heure environ, Jacobus sortit, le bonnet sur les yeux, enveloppé dans sa houppelande.

Quand il passa devant madame Humbert, elle frémit comme à l'approche d'un serpent.

— La Picarde doit être aux aguets, murmura-t-elle, la Picarde va venir.

En effet, bientôt une ombre émergea du bois ; c'était la Picarde.

La dame noire courut à sa rencontre :

— Me voici... j'ai l'argent.

— Chut ! fit la femme de ménage de Jacobus, il nous tuerait... j'ai peur. Mais il s'agit de racheter mon fils, qui s'est engagé parmi les volontaires du Portugal. Tant pis s'il m'arrive malheur, mon fils avant tout.

Mme Humbert lui mit une bourse dans la main :

— Il y a là-dedans vingt-cinq louis... Prenez.., entrons.

— Pas par la porte ! se récria la Picarde... par la brèche.

Mais au moment d'y passer la première, elle s'arrêta et se retourna.

— Vous me jurez encore que votre but est honnête, et que le diable n'y est pour rien?

La dame noire lui prit la main, et lui répondit :

— On ne tremble pas lorsque Dieu vous conduit ; voyez si je tremble !

Elles pénétrèrent dans le jardin.

Sous un amas de clématites et de chèvrefeuilles, la Picarde prit un débris d'échelle, et vint l'appuyer contre le balcon de la fenêtre, tout à l'heure éclairée, maintenant obscure.

— Il ferme toutes les portes, dit-elle, c'est par-là qu'il vous faut entrer.

Déjà Mme Humbert était sur le balcon.

Son introductrice l'y rejoignit, passa la main à travers une vitre brisée, tourna l'espagnolette, ouvrit la fenêtre.

— Voilà tout ce que je peux faire pour vous, conclut-elle. Vous sortirez par ce même chemin. Le vieux hibou rentre vers minuit. Ne vous laissez pas surprendre..., et si vous étiez surprise, ne me dénoncez pas. Soyez prudente. Adieu! bonne chance!

Et la Picarde disparut :

— Enfin, murmura la dame noire, je vais donc pénétrer dans leur repaire! Ils s'y réuniront ce soir. Le retour du vicomte, d'autres indices, mon instinct, tout m'avertit que mes soupçons vont devenir une certitude. Je serai là, j'écouterai, j'entendrai. Mon pauvre Pierre, protège ta Madeleine! Demande à Dieu qu'elle puisse enfin réhabiliter ta mémoire et rendre l'honneur à tes enfants!

Pendant cette prière fervente, Madeleine avait allumé une lanterne sourde. L'abritant d'un pan de sa mante, afin qu'on ne pût la voir au dehors, elle en promena la lumière sur tous les objets qui l'entouraient.

Des fourneaux, des ustensiles de ménage, force débris, un alambic et quelques cornues : c'était le laboratoire de Jacobus.

Une seule porte, ou plutôt une seule issue : la porte est tombée. Un lambeau de tapisserie la remplace, glissant avec peine sur une tringle rouillée.

La dame noire examine avec une satisfaction marquée cette espèce de serpillière; elle pourra, cachée dans ses plis, tout entendre. Il y a même des trous qui lui permettront de tout voir.

En attendant elle se hasarde au delà.

C'est le salon, une vaste et haute pièce richement lambrissée, du moins autrefois. Les lambris tombent ou se crevassent. Çà et là, quelques derniers vestiges de dorure forment contraste avec le délabrement actuel.

Des deux grandes glaces qui, jadis, se réflétaient l'une dans l'autre, celle-ci s'est brisée dans sa chute, celle-là se marbre de dartres vertes. Les fenêtres ne s'ouvrent plus ; on a collé des bandes de papier sur leurs jointures, comme aussi sur quelques vitres brisées.

Au dehors, les persiennes sont closes, mais tellement lézardées, que les rayons de la lune criblent de toutes parts ce fond noir. On dirait, au milieu des ténèbres, comme des yeux qui regardent.

Le silence est profond, mais parfois troublé par un craquement soudain, par un déchirement furtif. C'est le silence des ruines, ce mystérieux silence où, de minute en minute, quelque chose de plus s'affaisse et tombe pour mourir.

Comme toutes les autres pièces sont inhabitées, désertes, les fouines et les rats, les chauves-souris et les hibous, toutes les bêtes nocturnes y tiennent librement leurs conciliabules. De là, toutes sortes de frous-frous et de murmures.

Le vent se lamente dans les corridors, la maison tout entière gémit, la girouette grince. Enfin, par intervalles, on entend le cri de la chouette.

Toute autre femme que la dame noire aurait peur.

Elle est pâle, émue, mais la lanterne ne tremble pas dans sa main. Elle s'avance lentement, tranquillement, examine toute chose d'un œil calme, et parfois s'arrête pour réfléchir, pour deviner.

Elle est vraiment belle ainsi ; c'est un fantôme vengeur.

Sur un grand bureau placé devant la cheminée de

marbre, des outils, des livres, des papiers frappant sa vue.

— Une preuve! dit-elle, si je pouvais trouver une preuve! Parfois les scélérats s'écrivent et s'accusent ainsi d'eux-mêmes. Cherchons!

Elle est devant le bureau, elle regarde et touche les objets dont il est encombré : des limes, des clefs, un ciseau à froid, un marteau, une scie, un poignard, des pistolets.

Ils sont chargés; la capsule brillante atteste qu'elle se renouvelle chaque soir.

Parmi les livres figurent les premiers volumes d'*Ortalbano ou les Etrangleurs des Abruzzes*. On y remarque quelques annotations, sans doute de la main de Jacobus.

Lorsque le chef des bandits s'est laissé prendre, ce mot se trouve écrit en marge : Maladroit.

Au bas d'une autre page, après cet aphorisme : Jamais le crime ne reste impuni, on a crayonné ce refrain moqueur :

Turlurette,
Bon vin et fillette.

Déjà beaucoup de papiers insignifiants ont été passés en revue par Mme Humbert. Ce sont des notes manuscrites ou des imprimés, force journaux et gazettes, presque toute la collection de celle des Tribunaux; les premières années sont reliées en volume. Un de ces volumes, celui de 1815, est ouvert à la date du 7 novembre.

Elle s'en empare vivement et le parcourt avec avidité.

Tout à l'heure, elle rougissait; des larmes descendent maintenant sur ses joues pâles. On dirait la statue de la douleur.

Puis cette statue s'anime et se redresse. Une flamme a brillé dans son regard, ses deux mains se lèvent vers le ciel, elle s'écrie :

— Seize ans! il y aura bientôt seize années, et je n'ai pas encore tenu mon serment... Des indices... des soupçons... Je me sens convaincue, moi; mais je n'ai rien encore, rien qui puisse convaincre les autres! O mon Dieu! mon Dieu! je vous demande la lumière, montrez-moi la vérité!

Et fiévreusement, ardemment, Madeleine poursuit sa recherche.

Elle parvient à ouvrir un tiroir; elle trouve un paquet de lettres.

Sous la ficelle qui les réunit, un papier.

Sur ce papier :

LETTRES DE GONTRAN.

Madeleine s'en saisit, les ouvre tour à tour.

Par malheur, la plupart sont en allemand : elle se reproche de ne pas avoir appris l'allemand. Mais il s'y trouve çà et là des phrases, des boutades françaises. Le vicomte accable d'invectives son ancien précepteur : vieux coquin, grippe-sou, happe-chair, abominable bossu. On devine, dans cette corresdance, des demandes d'argent trop fréquentes. Gontran refuse; il accorde. Evidemment il a été menacé, il a peur.

Souvent le nom de Martin, le nom du Borgne revient dans ses lettres. La dernière, datée de Francfort, est ainsi conçue :

« Je vous le défends, je ne veux pas. Que Martin se le tienne pour dit. Toi de même. Sachons attendre. Tu me connais, vieux chacal. Et le Borgne aussi me connaît. Malheur à vous si vous transgressiez mes ordres. Il y a seize ans j'ai dû vous subir. Aujourd'hui, je suis votre maître. Obéissez. »

Quelle pouvait être cette défense?

La dame noire restait toute pensive.

Le bruit d'un plâtras tombant du plafond sur le parquet la réveilla soudainement.

Prompte à se rassurer, elle replaça les lettres où elles étaient, comme elles étaient. Puis, après une fiévreuse impatience :

— Toujours des inductions, des probabilités, pas de preuves ! Mais s'il y avait ici quelque écrit accusateur, il ne resterait pas en vue... il serait caché... caché dans les murailles... dans un meuble... dans ce bureau... Cherchons... cherchons encore !

Déjà ses mains frémissantes plongent dans les tiroirs et palpent les tablettes, leur demandant une épaisseur révélatrice, un ressort secret, lorsque tout à coup, au dehors, retentit ce refrain :

Turlurette
Bon vin et fillette.

Madeleine se redresse vivement, souffle sa lanterne et se précipite vers le laboratoire, où, plus morte que vive, elle se blottit derrière le rideau.

Il était temps, Jacobus entrait.

XVI

TRIO DE SCÉLÉRATS

Jacobus arrivait du café des Trois-Communes. Alerte et gaillard, il alluma sa chandelle. Puis, avec l'accent d'une superbe indignation :

— Sans cœur ! se dit-il, je chante et je ris, tout glorieux d'avoir regagné treize sous au domino. Mille tonnerres ! ce rôle d'épicier en retraite commence à m'abrutir. Treize sous !... c'est un million qu'il me faut !... Je le dévorerais à belles dents.

Ce n'était plus le grotesque vieillard que tout le monde connaissait, ou du moins pensait connaître.

Se croyant seul, à l'abri de tout regard, il avait jeté son masque. Il se redressait, se détirait, se cambrait dans sa véritable allure. C'était celle d'un loup affamé, enragé par un trop long jeûne. On en aurait eu peur au coin d'un bois.

— Assez de patience ! poursuivit-il. Il est de retour, il va venir, il cèdera, je le veux !

Il allait et venait, frappant du pied sur les dalles sonores, faisant saillir les muscles de ses bras, gesticulant comme pour aviver sa colère.

Lorsqu'elle arrivait au paroxysme, cet homme devait être terrible.

— Brr..., j'ai froid ! dit-il au bout d'un instant. Il me faut du feu... un grand feu. Brûlons la baraque, et brûlons nos vaisseaux !

Il se dirigea vers le laboratoire ; il vint y prendre une grande brassée de bois mort.

Mme Humbert avait frissonné jusque dans la moelle des os.

Ce n'était pas, cependant, le péril qui l'effrayait, c'était la crainte de ne pouvoir encore achever son œuvre.

Jacobus passa, repassa près d'elle sans l'apercevoir.

Il alla jeter son bois dans la cheminée ; puis, s'asseyant en face, dans un fauteuil, il tortilla des journaux en guise de torches, afin d'allumer le feu.

Quand ce feu pétilla, pour l'activer encore, il cassa des chaises ; il en entassa les débris dans l'âtre, où bientôt tombèrent aussi les paperasses.

Enfin, tout flamba. La vieille cheminée ronflait comme un tuyau d'orgue.

— A la bonne heure, dit alors Jacobus en se prélassant devant le brasier. Ah ! quand je serai riche, m'en donnerai-je !... C'est qu'il est grand temps, je me fais vieux. Si j'allais mourir là-bas, dans cet estaminet borgne, après un partie de dominos, le double-six en mains... Grêle et tempête ! j'en ai froid dans ma bosse, rien que d'y penser !... Autant eût valu rester honnête homme... Mais qu'il vienne donc ce vicomte, et qu'il me livre enfin ma part ! Je veux jouir dès demain. Oui, dès demain, l'avènement de Jacobus, successeur de Balthazar et de Sardanapale! Jacobus pacha! Jacobus sultan! Partout des odalisques et partout des truffes... Ah! ah! vicomte, nous allons rire! Assez longtemps tu m'as tenu le pied sur la gorge... A mon tour!...

Un coup de sifflet retentit au dehors.

Aussitôt Jacobus se tut, rentra ses griffes, éteignit son regard triomphateur, et, déjà tout penaud, tout tremblant :

— C'est lui! murmura-t-il, c'est le maître! Allons ouvrir.

Quelques instants plus tard, l'échine courbée, la mine obséquieuse, il introduisait Gontran d'Alvimare.

Le comte arrivait de fort mauvaise humeur :

— Comment! dit-il, le Borgne n'est pas encore ici! Ah! vous êtes d'effrontés drôles! Je reçois de vous lettres sur lettres! et des lettres menaçantes, cornebœuf! « Aussitôt de retour, rendez-vous ici. » J'ai la condescendance de m'y rendre... et j'attends!

L'ex-précepteur avait repris quelque assurance :

— Que Votre Seigneurie, dit-il, se calme et m'écoute. Je sais ce que Martin voulait dire, et comme sa manière de voir est aussi la mienne, je parlerai pour nous deux, s'il vous plaît?

— Il me plaît, répliqua Gontran qui s'assit. Mais sois bref, vif coquin, affreux bossu!

Jacobus, s'efforçant d'être gracieux, commença en ces termes :

— Monseigneur me permettra-t-il de lui rappeler une fable?

— C'est ton droit, Esope. Quelle fable?

— Celle où il est question de la part du lion.

— Ah ! je comprends. Donne-moi du feu que j'allume mon cigare... Continue, j'écoute.

— Vous agissez par trop en lion, Gontran.

— Jamais trop vis-à-vis de maroufles de votre espèce. Pourvu que de temps en temps je vous laisse un os à ronger, vous devez être satisfaits. Toi surtout, Caliban.

— Eh bien ! non ! je ne le suis point... ni le Borgne non plus.

— Tu m'étonnes, Quasimodo. Mais voyons, parle ; je suis bon prince. Que demandez-vous tous les deux !

Jacobus s'enhardissait ; il répondit :

— Nous désirons, nous voulons, Martin le Borgne et moi, régler enfin notre compte avec vous. Nous vous avons fait ce que vous êtes. C'est trop longtemps l'oublier. Souvenez-vous ?

— De quoi faut-il que je me souvienne, Triboulet?

— Faut-il commencer par le commencement?

— Va, Mayeux ! va, Polichinelle !

— Affublez-moi du nom de tous les bossus célèbres, mais écoutez-moi, il le faut.

Gontran parut se résigner, il s'étendit sur le fauteuil, il campa ses deux talons sur le marbre de la cheminée, à la mode américaine.

Après s'être un instant recueilli, Jacobus débuta ainsi :

— C'était, il y a seize ans, sur les bords du Rhin. La bande de l'illustre Schinderhannes, mutilée, dispersée, traquée de toutes parts, ne se composait plus que de deux hommes et d'un adolescent. Les deux hommes, qui s'appelaient alors autrement, se nomment aujourd'hui Martin le Borgne et Jacobus. Quant à l'apprenti brigand... Oh ! oh ! celui-là porte un titre ronflant, fréquente le beau monde et méprise de très haut ses deux anciens compagnons. Que n'ont-ils pas fait cependant pour cet ingrat?

Le vicomte ne riait plus.

Son front, qui venait de pâlir, se chargeait de nuages. Un sinistre et douloureux souvenir se réveillait en lui.

L'ex-précepteur, satisfait de ce premier résultat, poursuivit :

— Certain soir, au coin d'un bois de sapins, nos trois chasseurs étaient à l'affût. Deux voyageurs passèrent. On leur demanda la bourse ou la vie, et, comme ils se défendirent, on les tua. Piètre affaire! mais, à défaut d'argent, on trouva de précieux papiers. Ces papiers prouvaient que l'un d'eux, le plus jeune, était le fils d'un émigré français, depuis longtemps établi en Allemagne et qui venait d'y mourir. L'orphelin se rendait à Paris, chez un oncle inconnu, le comte André d'Alvimare. Oh! oh! celui-là était riche, fort riche, il l'affirmait lui-même dans une des lettres tombées en notre pouvoir. Je regardai notre jeune camarade ; il était du même âge et de la même taille que le neveu trépassé ; il lui ressemblait. D'ailleurs, l'oncle ne l'avait jamais vu. Une inspiration me traversa l'esprit. Si de Karl Schmück, c'était le nom du louveteau, si de Karl Schmück nous refaisions Gontran d'Alvimare? Si du même coup j'entrais dans la défroque et dans le rôle du précepteur qui l'accompagnait? Pourquoi pas? J'avais fait mes humanités. Bref, les deux cadavres mis en terre, le travestissement s'opéra. Martin le Borgne improvisa quelque chose comme une livrée bavaroise avec nos trois accoutrements de détrousseurs. Le reste fut brûlé. Au vent les cendres! au vent le souvenir de ce que nous n'étions plus! Gontran d'Alvimare, escorté de son pédagogue et de son valet, s'achemina gaîment vers la France. Si je me suis trompé d'un iota, que M. le vicomte me reprenne.

Après un silence et comme se parlant à lui-même, Gontran murmura d'une voix sourde :

— Oui, c'est bien cela; je n'avais alors que quinze ans. Un louveteau, soit; vous autres, vous étiez des loups.

— Et je m'en vante! reprit impudemment Jacobus. Cependant, si j'ai bonne mémoire, ce fut le louveteau lui-même qui tua celui dont il porte aujourd'hui le nom...

— Au moins se défendit-il! s'écria Karl Schmück en s'efforçant de secouer le remords qui pesait sur lui.

Ce sentiment était inconnu de Jacobus. Il avait recouvré toute son audace, il poursuivit:

— Permettez que j'achève. Le comte d'Alvimare accueillit à bras ouverts son neveu; mais il avait un fils, c'est-à-dire un héritier. Nous voulions l'héritage. Un incendie fut allumé par nos mains; Martin le Borgne frappa la comtesse, moi je m'étais emparé de l'enfant; j'allais le jeter dans les flammes...

— Ah! mais je n'ai pas voulu, moi! s'écria Gontran; c'est moi qui n'ai pas voulu!

— D'accord, reconnut Jacobus. Ah! vous aviez déjà de la volonté. Fasse le diable que nous n'ayons pas à nous repentir d'avoir épargné cet enfant! Il n'y a que les morts qui ne reviennent pas. Ceux qui peuvent être à craindre un jour, quand on les tient en son pouvoir, on les tue!

Gontran se releva brusquement, saisit les pistolets, les dirigea vers Jacobus, et d'une voix stridente:

— Misérable ! s'écria-t-il ; ah ! si je te prenais au mot, si je te tuais !

Jacobus éclata de rire et répliqua :

— Halte-là, Karl Schmück, le cas est prévu. Tiens, regarde.

Il venait d'ouvrir un des tiroirs du bureau ; il y fit jouer un ressort secret, et montrant un pli cacheté :

— Tout ce que je viens de te rappeler est écrit là dedans, poursuivit-il. L'adresse est à M. le procureur du roi. Mais ceci n'est qu'un double, tu comprends. La minute est en main sûre, et si je restais pendant huit jours sans donner de mes nouvelles, la dénonciation serait remise à qui de droit. Donnez-vous donc la peine de vous rasseoir, monsieur le vicomte, et restons bons amis, croyez-moi. Votre ex-précepteur est encore votre maître.

Gontran avait rejeté les pistolets sur le bureau. Désarmé, mais non vaincu, il se promenait à grands pas.

Craignant d'avoir été trop loin, Jacobus reprit d'un ton plus doucereux :

— Ecoutez-moi jusqu'au bout. Voyons, n'avez-vous pas eu jusque-là la part trop belle ? Tandis qu'adopté par votre oncle, vous jouiez au vicomte, que devenions-nous, Martin le Borgne et moi ? Trop heureux d'avoir échappé à la guillotine en accusant Pierre Humbert, nous végétions, nous trimions en attendant votre majorité, c'est-à-dire l'héritage. Il avait été convenu qu'alors on se débarrasserait du vieux. Ah ! vous l'aviez promis, nous y comptions. Et cependant, les années semblent longues dans la misère. On prenait patience en se disant : « L'heure viendra. » Quand elle vint, M. le vicomte se mit en travers et nous dit : « Je ne veux pas ! »

Gontran, redevenu plus fier et plus énergique encore, s'avança vers Jacobus, qui commençait à trembler sous son regard, et lui répondit :

— Non, je ne veux pas !... Ecoute à ton tour, et tu vas me connaître enfin. Quand vous m'avez amené de là-bas, après le premier meurtre, savais-je ce que je faisais, moi ? Tu l'as dit, j'étais une bête fauve. Je vous ai laissé égorger la mère, mais déjà quelque chose se révoltait en moi, puisque j'ai sauvé l'enfant. Lorsque le pauvre père m'ouvrit ses bras, la honte et le remords entrèrent dans mon cœur. Plus tard, avec l'éducation, le sens moral me fut donné. Ah ! si j'avais su ! Maintenant, il est trop tard. Cent fois, je fus au moment de tout avouer. Le courage me manqua. D'ailleurs, ce n'eût été qu'un chagrin de plus pour ce vieillard, accablé déjà de douleur, et qui mettait en moi sa dernière espérance. Il m'appelait son fils... moi, son fils !

Ce nom seul creusait un abîme entre nous. Eperdu, torturé, tout plein d'épouvante, je fuyais ses embrassements, et je te retrouvais alors, toi, mon âme damnée, mon mauvais génie... toi qui me conseillais le plaisir et la débauche. Je m'y jetai à corps perdu, croyant oublier... Le crime ne s'oublie jamais !... Son souvenir est partout, même entre la coupe et les lèvres. Ah ! vous imaginez que j'étais heureux. Ah ! vous m'enviez, misérables ! Mais, sachez-le donc, depuis seize ans je n'ai pas eu un jour de bonheur, une nuit de repos ! Le fantôme de la comtesse est toujours là, qui me poursuit, qui me glace... Ne parlais-tu pas de me dénoncer ? L'échafaud n'est rien, l'enfer n'est rien... Le châtiment, c'est le remords ! Et tu voudrais que je fusse le complice d'un nouveau crime !... Et tu veux que je tue ce vieillard ?... Non, je ne veux pas ! je ne veux pas !

C'était toute une confession que venait de faire Gontran. Dire ce qu'il y avait mis d'amertume, de regrets, de colère, de désespoir, ce serait impossible.

Jacobus lui-même n'osa pas répondre.

Ce fut un autre qui répondit, ce fut Martin le Borgne.

Déjà, depuis un instant, il avait paru sur le seuil.

Il arrivait, haletant, débraillé, livide ; il s'écria :

— Moi, j'ai voulu ! dit-il ; le comte est mort !... Ah ! pas de menaces... Il venait de retrouver son fils... Il allait le reconnaître devant tous. Nous étions ruinés, perdus, si je ne frappais pas. J'ai frappé ; il y avait urgence !

Puis, comme Jacobus laissait échapper un cri de joie féroce, comme Gontran stupéfié, incrédule encore, s'étreignait le front dans les deux mains :

— Si j'ai pu fuir, reprit le meurtrier qui montra ses vêtements en lambeaux, ce n'est pas sans avaries. Ils avaient lâché sur moi leur chien... Je crois que je l'ai tué aussi... Quant au vieux, il est tombé du coup, sans un mot.

Gontran ne doutait plus. Avec un rugissement de lion, il s'élança vers l'assassin.

— Ah ! mais !... dis donc, balbutia celui-ci, s'efforçant d'éviter le choc, dis donc, Karl.... pas de bêtises !... J'ai mon couteau... Prends garde ! il a soif encore !

Sourd à cette menace, Gontran le saisit à la gorge, l'enleva de terre et, sans doute frappé par lui, l'envoya rouler jusqu'à l'autre extrémité de la salle.

Le misérable tomba contre ce lambeau de tapisserie qui masquait l'entrée du laboratoire.

Dans les plis qui s'agitèrent, il y eut une résistance inattendue.

Un cri s'en échappa.

On entendit un bruit de pas, un bruit de fuite.

D'une voix étranglée, Martin le Borgne s'écria :

— Quelqu'un !... il y a quelqu'un qui a tout entendu !... C'est une femme !

XVII

COMME QUOI MARIOL RAPPORTE TOUT AUTRE CHOSE QUE CE QU'IL ALLAIT CHERCHER.

Martin le Borgne s'était relevé, s'était retourné, arrachant le rideau.

Dans l'encadrement de la fenêtre ouverte, il avait aperçu une femme qui s'enfuyait, épouvantée.

Cette femme, c'était Mme Humbert.

Déjà, franchissant le balcon, elle disparaissait.

— Elle a tout entendu, vous dis-je ! Elle peut nous perdre, répéta le Borgne en s'élançant sur ses traces.

Jacobus le rejoignit, lui donna les deux pistolets :

— Tue-la !

Martin saisit les armes, et bondit vers la fenêtre.

Tout d'abord, dans le salon, Gontran était resté immobile, comme frappé de stupeur. Si tout se découvrait, qu'allait-il devenir, lui, le comte d'Alvimare ?

Cependant, l'arrêt de mort qui venait d'être prononcé le réveilla tout à coup.

Il eut un geste, et fit un pas comme pour protester contre ce nouveau crime.

Déjà Martin le Borgne était sur le balcon, armant ses pistolets.

La fugitive, un instant cachée par les massifs de verdure, reparut tout à coup précipitant sa course vers la brèche.

Une double détonation retentit.

Puis, au milieu du silence, il y eut un cri de douleur.

Jacobus et Martin, penchés sur la balustrade, regardaient, écoutaient.

Gontran s'était laissé tomber sur un siège, le visage enfoui dans ses deux mains.

Encore un meurtre dont il était le complice !

La fugitive avait disparu.

Sur le terrain, sur les pierres que blanchissait la lune, on eût distingué son vêtement noir.

Rien... Et cependant elle avait chancelé, crié ; qu'était-elle devenue ?

Les deux assassins se précipitèrent à sa poursuite.

De l'autre côté, Gontran s'éloignait.

Cet espoir venait de se présenter à son esprit que peut-être le comte d'Alvimare n'était que blessé, qu'il pourrait le sauver encore.

Il courut à la grille, enfourcha son cheval, et partit au galop.

En ce même moment, Jacobus et Martin arrivaient à la brèche.

Sur les pierres il y avait du sang.

— J'étais bien sûr d'avoir mis dans la cible, dit l'homme au carrick.

— Elle doit être tombée de l'autre côté, dit Jacobus en franchissant le passage. Ah ! voilà son manteau ; nous sommes sur la piste.

Déjà le Borgne se ruait en avant.

Son complice le retint par le collet :

— Malheureux ! Et la carrière ! l'abîme !

Martin se rejeta vivement en arrière... Puis, avançant la tête, il regarda en bas.

Le précipice était à deux pas, large et profond, rempli d'une vapeur bleuâtre. On eût dit la rive escarpée d'un lac.

— Elle n'aura pas vu ce gouffre, murmura Jacobus ; elle y sera tombée.

— Comment descendre ? demanda son compagnon.

— Je vais chercher une lanterne. Attends.

Nous l'avons dit, l'ancienne carrière ne présentait une falaise à pic que vers le milieu, au-dessus de l'ouverture souterraine. Des deux côtés, la colline s'abaissait par une pente rapide, mais praticable. Une herbe épaisse y croissait, accidentée çà et là de quelques arbrisseaux.

Les deux bandits avaient l'habitude des explorations nocturnes. Bientôt, éclairés par la lanterne, ils descendirent.

Vers le milieu de la hauteur, le terrain, tourmenté, disloqué, s'aplanissait tout à coup, formant une sorte de corniche, qui se prolongeait même jusqu'à l'arche de la carrière.

C'était, selon toute probabilité, le résultat d'un éboulement.

Le bord de la falaise s'était déchiré, affaissé sur lui-même ; mais, par un hasard d'équilibre, il restait suspendu dans sa chute.

— Si cette femme était tombée par ici ? murmura Jacobus. Voyons, avant de descendre plus bas.

Le misérable devinait juste.

C'était de ce côté que la fugitive avait senti la terre manquer sous ses pas.

Sa chute, considérablement diminuée, s'était en outre amortie dans les buissons et les herbes.

Une profonde crevasse existait en cet endroit.

La blessée y avait disparu à travers d'épaisses broussailles et des végétations sauvages qui s'étaient refermées sur elle.

Elle avait perdu connaissance, elle avait cru mourir.

La douleur même de sa blessure la rappela à la vie.

D'ailleurs, un bruit de pas et de voix frappait son oreille.

Elle rouvrit les yeux.

Au-dessus du feuillage et des lianes qui la recouvraient, une lumière brilla tout à coup, allant et venant comme pour explorer le sol.

Un visage, éclairé d'en bas par cette lueur, se pencha, s'approcha.

Madeleine reconnut Martin le Borgne.

Immobile, retenant son souffle, elle pria Dieu de la rendre invisible.

— Eh bien ! fit en ce moment la voix de Jacobus, que regardes-tu donc ? Est-ce une trace ?

Il y eut un silence.

La blessée frissonnait.

Si les deux égorgeurs venaient à l'apercevoir, elle était perdue.

Martin le Borgne répondit enfin :

— Il m'avait semblé que ces broussailles étaient froissées... mais non... rien... je me trompais.

— Voyons en bas ! conclut Jacobus.

Et la lanterne s'éloigna.

Mme Humbert, succombant à l'excès de l'émotion, s'évanouit de nouveau.

Les deux bandits descendirent dans la carrière, et marchèrent droit à l'entrée de la voûte.

Là, dans la terre humide, parmi des flaques boueuses et des ornières, des pas d'hommes et de chevaux, des roues de voitures et de brouettes, toutes sortes de traces s'entrecroisaient, se confondaient. Impossible d'en tirer aucune conjecture.

— Tonnerre! maugréa le Borgne. Il faut cependant que nous la retrouvions, cette femme... ou c'est pour nous la guillotine:

— Silence! fit Jacobus, regardant autour de lui d'un air épouvanté. Silence! malheureux... allons du côté de la route.

Ils cherchèrent vainement. Puis, comme aucun indice ne les encourageait dans cette voie, ils revinrent vers la voûte, et s'engagèrent dans les souterrains, explorèrent toutes les galeries, convaincus que la fugitive ne pouvait être cachée que là.

Cependant la nuit touchait à son terme. L'air plus frais et plus vif annonçait le matin.

Mme Humbert sortit de son engourdissement.

Que s'était-il donc passé? où était-elle? où se trouvait-elle?...

Sa tête était alourdie, ses idées confuses.

Comme elle cherchait encore à se souvenir, une voix qui se rapprochait rapidement fit entendre ce joyeux refrain:

Il était un p'tit homme,
Tout habillé de gris,
Dans Paris.

C'était Mariol qui, fidèle à sa promesse, s'était levé

avant le jour pour revenir chercher de la terre de bruyère.

Elle voulut appeler, se montrer.

Aucun son ne sortit de ses lèvres.

Après un douloureux effort, elle retomba.

Stanislas, cependant, bêchait avec ardeur, et remplissait sa hotte.

Il allait s'éloigner. Si personne ne revenait !

Personne..., hormis les assassins !

Et sa tâche, son espérance, son œuvre, tout périrait avec elle.

Cet effroi, ce souvenir galvanisa la mourante. Elle retrouva la force de jeter un cri. Elle parvint, en s'accrochant aux lianes, aux buissons, elle parvint à se soulever jusqu'au bord de la crevasse.

Mariol avait entendu, il accourait.

— Madame Humbert ! s'écria-t-il en la reconnaissant. La mère de Jean-Baptiste ! Ah ! mais c'est donc le bon Dieu qui permet que je m'acquitte envers lui !

Et le digne garçon la saisissant, l'enlevait dans ses bras.

Elle, égarée, palpitante, forte de terreur :

— Fuyons !... disait-elle, emmenez-moi... Fuyons !

Mais ce fut en vain qu'elle s'efforça de se tenir debout, de marcher. Elle chancela, retomba, brisée, inanimée, comme morte.

Seulement alors, Mariol remarqua que sa robe était ensanglantée, que le sang coulait encore de sa poitrine.

Une blessure !... et qui paraissait être grave. Il fallait des secours, un médecin... Déjà peut-être était-il trop tard !

Mariol avait repris Mme Humbert dans ses bras. Il l'emportait vers la route.

Jacobus et Martin le Borgne sortaient en ce moment de la voûte.

Ils virent, ils reconnurent la victime qui leur échappait, qui peut-être avait déjà parlé.

Celui qui l'emportait était seul, embarrassé de son fardeau.

Ils allaient s'élancer vers lui.

Tout à coup, sur le chemin, quelques hommes parurent.

C'étaient les carriers qui arrivaient à l'ouvrage.

Martin le Borgne et Jacobus se rejetèrent dans l'ombre.

XVIII

DEVANT LE CADAVRE

Il n'était que trop vrai, le comte d'Alvimare avait été frappé comme par la foudre.

Sans un mot, sans un cri, il était retombé dans son fauteuil. Il y semblait dormir ; et n'eût été le sang qui s'échappait de sa blessure, on eût dit que, dans son sommeil, il souriait à l'espérance, au bonheur.

Georges, son fils, agenouillé devant lui, doutait encore, et, pour le réveiller, touchait avec hésitation ses deux mains, l'appelait à voix basse :

— Père !... Père !... Mon père !

Pépita s'était précipitée vers la porte en criant au secours.

Jacques entra, suivi de Jean-Baptiste.

Un rapide examen suffit pour les convaincre de la vérité. La blessure était au cœur.

— Mais qui donc, qui donc l'a frappé ? demanda Jacques.

— Martin le Borgne ! répondit Pépita.

— Par où s'est-il enfui ?

— Par là !

Elle désignait l'escalier.

Tout à coup, au dehors, mais déjà dans le lointain un aboiement retentit.

— C'est mon chien ! s'écria Jacques, qui courut ouvrir la fenêtre. Il poursuit le fuyard. Après ! après ! Vendredi !

Déjà Jean-Baptiste était dans l'escalier ; il atteignit la porte, mais s'efforça vainement de l'ouvrir.

L'assassin l'avait refermée à double tour.

Il fallut du temps pour retrouver une clef. Quand Jean-Baptiste et Jacques purent enfin s'élancer au dehors, les aboiements ne se faisaient plus entendre.

Ils coururent, néanmoins ; ils cherchèrent la trace de l'homme mais ne parvinrent à retrouver que le pauvre chien qui, tout sanglant, agonisait au bord d'un fossé.

Des nuages, voilant la lune, assombrissaient la nuit.

— Retournons là-bas ! dit Jean-Baptiste.

Jacques, encore plus attristé, le suivit.

Ils retrouvèrent Georges d'Alvimare à la même place, dans la même attitude.

Mais il ne doutait plus maintenant ; des larmes abondantes ruisselaient sur son visage.

Pépita les essuyait de temps en temps, et murmurait :

— Noël !... mon ami !... mon pauvre Noël !... du courage !

— Que s'est-il passé ? demanda Jacques à Pépita.

— Il a pleuré ! répondit-elle.

Georges ne semblait rien entendre.

Les yeux tout grands ouverts, la bouche béante,

aussi pâle que son père mort, il le regardait toujours.

Lorsqu'on voulut enfin l'arracher à cette morne contemplation, une crise nerveuse y succédant tout à coup, il s'évanouit.

— Pauvre enfant ! dit Jean-Baptiste en le portant sur le lit de l'alcôve.

Jacques jeta un manteau sur le cadavre, en murmurant, avec un dernier regard d'adieu :

— Pauvre André ! le destin cruel a exaucé ton vœu. Que de fois n'avais-tu pas dit : Le revoir et mourir !

Jean-Baptiste ne tarda pas à revenir vers le vieux bohémien.

— Il faut prévenir le vicomte, dit-il, et lui tout apprendre. J'y vais. Vous, restez ici, Jacques.

On sait que Gontran n'était pas chez lui.

Ne le trouvant pas, le contremaître laissa pour lui quelques mots pressants, et s'en revint à l'usine.

Le jour commençait à poindre.

Le vieux domestique du comte, comme d'habitude à cette heure, descendit chez son maître.

Il apprit tout de la bouche de Jacques, et ce fut une nouvelle explosion de douleur.

Le comte était aimé de tous ceux qui le servaient, surtout de son vieil Ambroise.

— Calmez-vous, lui dit Jacques; celui que nous pleurons n'est pas mort tout entier : il nous laisse un fils dans lequel il revivra.

Le vieux bohémien montrait Georges, qui, dans ce moment même, revenant à lui, se levait lentement.

Le vieil Ambroise, après l'avoir regardé avec une émotion croissante, tomba à ses pieds en s'écriant :

— Ah !... oui !... oui !... c'est bien là le fils de mon maître !

Et, tout en larmes, le digne serviteur lui baisait la main.

Étonné, anxieux, cherchant à se souvenir, Georges interrogeait successivement tous ces visages qui l'entouraient.

Les premières lueurs du jour se mêlaient à la clarté des bougies ; nul ne songeait à les éteindre.

Tout à coup, au milieu du silence, on entendit le galop d'un cheval, qui bientôt s'arrêta devant la maison.

Jean-Baptiste, pensant que c'était Gontran, alla à sa rencontre.

Les yeux de Georges venaient de se fixer sur le fauteuil, maintenant recouvert d'un manteau, sous lequel on devinait une forme inanimée. Il s'en approcha, avançant la main.

Le vicomte paraissait sur le seuil, et, tout tremblant, balbutiant quelques paroles banales, avait peine à lever les yeux.

Cette appréhension, cet effroi n'avaient rien que de très naturel. On pouvait, on devait les attribuer à la surprise, au chagrin.

Tout à coup, Georges fit tomber le manteau, dévoilant ainsi le cadavre.

Gontran ne put retenir un cri.

Le fils se retourna vers le neveu. Leurs regards se rencontrèrent.

Plus pâle encore était le visage de Gontran que celui de Georges.

— Monsieur le vicomte, dit Jean-Baptiste, il s'est passé cette nuit, ici même, de graves événements. Notre devoir est de vous les faire connaître.

En quelques mots simples et dignes, il expliqua à Gontran tout ce que celui-ci, dans un autre lieu, quelques instants plus tôt, avait appris par Martin le Borgne.

Le vicomte savait rester maître de lui-même et, sous un imperturbable flegme, cacher les passions qui s'agitaient en lui.

Immobile et sans regard, il écouta jusqu'au bout.

En terminant, Jean-Baptiste montra Noël :

— Voici Georges d'Alvimare ! conclut-il ; voici le fils de votre oncle. Il l'a reconnu pour son fils. Ce vieillard et cette jeune fille étaient là ; ils vous l'attestent devant Dieu.

Jacques et Pépita s'étaient avancés. Du geste et du regard, ils affirmèrent le dire de Jean-Baptiste.

Gontran ne répondit pas ; ses yeux restaient fixés sur Georges.

Le vieil Ambroise intervint :

— Dieu lui-même, s'écria-t-il, semble avoir écrit son nom sur ses traits : c'est un vrai d'Alvimare.

Le vicomte continuait de se taire.

— Permettez-moi de m'étonner, reprit Jean-Baptiste. A votre place, devant le cadavre à peine refroidi du comte d'Alvimare, j'aurais déjà tendu les bras à son fils, en l'appelant :

— Mon frère !

L'orgueil de Gontran se révolta.

— Je n'accepte pas de conseils, répliqua-t-il, et j'ai passé l'âge où l'on cède aux entraînements du cœur. Je réfléchirai... nous verrons. Il faudra des preuves

Jacques et Jean-Baptiste échangèrent un regard. Puis ce dernier :

— Monsieur le vicomte, dit-il, il nous reste à prévenir la justice, à poursuivre le meurtrier.

— Avez-vous quelques soupçons? hasarda Gontran.

— Mieux que des soupçons, répondit Jacques, une certitude. Ces deux enfants ont vu l'assassin. Nous le connaissons. C'est un nommé Martin le Borgne.

Le vicomte ne sut dissimuler une soudaine émotion.

— Connaissez-vous ce misérable? demanda Jean-Baptiste étonné.

— Assurément non... je ne me souviens pas...

Gontran s'arrêta; il venait de se rappeler que, la veille au soir, là, tout près, devant l'usine, son cheval étant arrêté par l'homme au carrick, il lui avait donné de l'argent.

Si on les avait vus!

L'embarras du vicomte devenait manifeste.

Fort à propos pour lui, un nouveau personnage entrait en ce moment.

C'était Mariol.

— Jean-Baptiste, dit-il avec une douloureuse hésitation, je viens vous chercher... vous apprendre... Il faut venir chez nous... votre mère vous y attend...

— Ma mère... chez toi... à cette heure... Comment?... Pourquoi?...

Mariol enfin répondit :

— Ce matin... tout à l'heure... dans la grande carrière... du côté de Romainville... j'ai trouvé une femme assassinée... blessée, du moins... c'était Mme Humbert! Venez!

Jean-Baptiste se précipita au-dehors.

— Sa mère ! murmurait Gontran atterré, c'était sa mère !

Après avoir donné les ordres nécessaires, Gontran était retourné chez lui.

Il y trouva Jacobus.

Jacobus en bon bourgeois propret, inoffensif.

Il se fit raconter, jusque dans les moindres détails, tout ce qui s'était passé à l'usine depuis la mort du comte d'Alvimare.

Après quoi, supputant le pour et le contre, il rendit cet arrêt :

— Rien d'inquiétant encore, hormis ce nom de Martin le Borgne ; plus que le nom, le signalement. Il est facile à reconnaître et ne sait pas l'art des métamorphoses. Mais je l'ai consigné là-bas, chez moi. Jusqu'à nouvel ordre, il n'en sortira pas.

Gontran semblait moins rassuré.

— Vous oubliez cette femme, dit-il, cette femme n'est que blessée. Elle parlera...

— Si nous le permettons, fit Jacobus ; ceci me regarde. Je m'en vais aux renseignements. Ne m'avez-vous pas dit qu'elle se nommait Mme Humbert ?

— Oui. Ce nom m'a frappé.

— Moi de même. A mon retour, nous en recauserons. Il faudrait avertir le notaire ?

— C'est fait. Il y a un testament.

— Ah !

— Un testament qu'on doit lire le jour même de la mort du comte, devant tous les ouvriers réunis. C'est sa volonté.

— Ce soir, alors ?

— A six heures.

— Nous y serons.

Jacobus sortit, monta dans un cabriolet et se fit conduire au bas de la rue Saint-Denis, d'où, pédestrement, il s'achemina vers la tour Saint-Jacques

XIX

LE TESTAMENT

Le square que l'on admire aujourd'hui n'existait pas alors. Sur ce même emplacement, il y avait de vieilles et sales ruelles, bordées de sales et vieilles échoppes, la plupart servant de tanières à des revendeurs de guenilles.

L'ex-précepteur entra chez l'un de ces fripiers.

Au bout d'un quart d'heure, il reparut complètement métamorphosé, méconnaissable.

C'était maintenant un vieux joueur d'orgue, à la physionomie éteinte et naïve. Il ne portait plus de lunettes, tenait ses paupières aux trois quarts fermées. Son dos ne conservait aucune trace de protubérance. Tout était faux dans ce bossu, même la bosse.

Il gagna la barrière du Combat, prit le chemin qui conduisait à la maisonnette de Mariol.

Divers groupes, en partie composés de commères du quartier, stationnaient aux abords.

Le vieux joueur d'orgue, après avoir disposé son instrument, commença de tourner la manivelle.

Tout aussitôt, chacun fit de grands gestes, afin de lui imposer silence.

Il en demanda la cause ; les voisins ne demandaient qu'à parler ; c'est ce que voulait Jacobus.

Mais laissons-le se mêler aux groupes et pénétrons dans la maisonnette.

Deux médecins, un vieillard, un jeune homme, sont penchés vers le lit où repose la blessée ; ils achèvent le premier pansement.

A terre, dans une cuvette teinte de sang, on voit la balle qui vient d'être extraite.

Catherine, attentive aux ordres des médecins, leur passe en silence la charpie et les bandes.

Dans un angle de la chambre, contre la muraille, Jean-Baptiste, pâle et consterné, presse entre ses bras son jeune frère, qui se cache le visage et se contient pour ne pas éclater en sanglots.

Ce pauvre Barnabin, quand la triste nouvelle est venue le surprendre, était encore endormi dans le grand fauteuil de sa mère. Il l'attendait.

Quel réveil ! quel désespoir ! Il s'est accusé d'être la faute de ce malheur, et maintenant encore, par intervalle, il répète :

— Ah ! mon Dieu ! mon Dieu ! si la distribution s'était bien passée, si j'avais été là, ma mère ne serait pas sortie, ou bien elle m'aurait emmené... j'aurais pu la défendre... c'est ma faute.. Oh ! mais nous la sauverons, n'est-ce pas, frère ?... et nous la vengerons.

— Oui ! oui ! mais, tais-toi, répond tout bas Jean-Baptiste, qui, pensif et morne, s'obstine à chercher, à deviner les causes de ce crime, qu'il ne comprend pas non plus.

— C'est fini ! dit tout à coup le vieux docteur, nous avons pansé la blessure; que Dieu, maintenant, la guérisse.

Cependant, Mme Humbert, immobile et la pâleur de la mort sur le visage, n'avait pas encore repris connaissance.

Elle rouvrit tout à coup les yeux; elle murmura ces mots :

— Mes enfants !

Ils allaient s'élancer vers elle ; ils s'arrêtèrent sur un geste du docteur, tandis que son jeune confrère disait à la blessée:

— Madame, ne bougez pas !... Remuez à peine les lèvres, ou plutôt répondez-moi seulement des yeux. M'entendez-vous?... M'avez-vous compris ?...

Les paupières de Madeleine s'abaissèrent affirmativement.

— Vous vivrez, reprit à son tour le vieux médecin, mais votre salut dépend surtout de vous-même. Pendant au moins une semaine, peut-être plus, il faut ne point bouger, ne point parler, n'avoir aucune émotion. Qué ce soit bien convenu, madame. Vos deux fils sont là... aucun danger ne les menace... Ils savent que vous leur serez rendue. Nous leur permettons de s'approcher de vous et de vous embrasser, mais que ce soit tout jusqu'à nouvel ordre. Votre âme est absente ; elle reviendra dans huit jours. Allons, jeunes gens, le baiser d'adieu.

Jean-Baptiste était devant le lit, Barnabin dans la ruelle. Tous les deux se penchèrent au-dessus de leur mère, effleurant son front de leurs lèvres.

Puis, tout le monde se retira, à l'exception de Catherine, qui veillerait auprès de la blessée.

— Mais, avait-elle demandé, ne faudra-t-il rien lui faire boire ?

— Vous humecterez ses lèvres avec un peu d'eau fraîche, lui fut-il répondu, voilà tout.

Dans le jardin, Mariol attendait Jean-Baptiste ; on le demandait à l'usine.

— J'y vais, répondit-il. Toi, reste ici. Que personne n'entre... éloigne tout ce monde... Empêche tout bruit.

Et, comme les médecins s'éloignaient, Jean-Baptiste courut vers eux pour les interroger encore.

— Courage, conclurent-ils, et bonne espérance !

D'autre part, Barnabin s'était vu accaparer par quelques femmes, qui non moins émues de curiosité que de compassion, lui demandaient des nouvelles.

— Viens avec moi, frère, dit Jean-Baptiste en l'entraînant ; ce sont les magistrats qui me demandent. Peut-être, toi, qui vivais constamment auprès de notre mère, peut-être donneras-tu quelques indices.

L'ardent esprit de Barnabin s'enflamma tout aussitôt.

— Oui ! s'écria-t-il en frappant tour à tour sur son front et sur son cœur, oui ! je me suis juré, là et là, que je ferais découvrir l'assassin... Il le faut... je le veux... Viens !

Par un hasard providentiel, son regard venait de se croiser avec celui de Jacobus. Le courageux enfant ne remarqua même pas le joueur d'orgue, mais celui-ci l'avait entendu. Un imperceptible sourire plissa sa lèvre dédaigneuse, et cependant il avait tressailli.

Quelques instants plus tard, il s'éloignait en murmurant :

— Je suis certain qu'elle s'appelle Mme Humbert...

et c'est déjà beaucoup... Quant au reste, je reviendrai.

. . . .

Jean-Baptiste, de son côté, arrivait à l'usine.

Les magistrats instructeurs y passèrent la journée, interrogeant tous ceux qui pouvaient fournir quelques renseignements sur cette ténébreuse affaire.

Lorsque le vieux bohémien comparut à son tour, lorsqu'on lui demanda de se nommer.

— Jacques, répondit-il.

— Votre nom de famille ?

— On m'appelle parfois le père Robinson.

— Mais, votre nom véritable?

— Je ne le dis pas.

Et le vieillard s'était obstiné dans son refus.

Ce mystère parut suspect.

Il en fut de même du témoignage de Noël et de Pépita.

Jean-Baptiste ne savait rien, ou du moins ne pouvait rien expliquer.

Les magistrats s'en étonnèrent et revinrent plusieurs fois à la charge.

Après avoir épuisé la série des questions relatives au meurtre du comte d'Alvimare, on en vint à la tentative d'assassinat commise sur Madeleine Humbert.

De ce côté, même chaos, mêmes ténèbres. Cependant, grâce à cette perspicacité, à cette intuition qui distingue la justice française, on commençait à soupçonner qu'un lien mystérieux existait entre ces deux crimes.

Barnabin parla l'un des derniers.

Son émotion, ses pleurs, la spontanéité de ses réparties, son impatience de venger sa mère, tout cet interrogatoire intéressa, toucha le juge d'instruction, bien qu'en le faisant parfois sourire.

— Tu m'as l'air d'un bon petit garçon, dit-il en le congédiant d'un ton amical. Calme-toi... aie confiance en nous, mon enfant.

— Un enfant! se récria Barnabin; non pas, un homme! Oh! j'ai vieilli depuis hier, et, pour peu que le bon Dieu me vienne en aide, on le verra.

Quant au vicomte, il fut plusieurs fois rappelé. Il allait et venait, donnait ses ordres comme s'il eût été déjà chez lui.

Enfin, six heures sonnèrent, et le notaire arriva.

. . . .

Pour obéir au vœu du défunt, pour que tous les ouvriers de l'usine pussent entendre la lecture du testament, on avait débarrassé, disposé un vaste hangar.

Il se remplit bientôt d'une foule empressée, mais calme.

Rien de tel que les ouvriers de Paris pour s'élever à la hauteur des circonstances, même les plus graves, et, quand on fait appel à leur affection, pour s'en montrer dignes.

On remarquait au premier rang, d'un côté, Jean-Baptiste, Jacques, Georges et Pépita; de l'autre, le vicomte d'Alvimare et Jacobus.

L'ex-précepteur avait encore changé d'aspect.

Il était tout de noir habillé, cravate et grand jabot blanc; des bas de soie et des souliers à boucles d'argent; des besicles en or, un œil de poudre sur les cheveux, une canne à bec d'ivoire à la main; avec tout cela, quelque chose de germanique et de doctoral : on eût dit un professeur émérite de l'université de Gœttingue ou d'Heidelberg.

Le notaire allait briser le cachet noir.

Jean-Baptiste s'avança tout à coup.

— Permettez, dit-il, permettez-moi d'abord quelques mots. Avant de recevoir le coup mortel, notre bien-aimé, notre bien regretté patron, le comte André d'Alvimare, avait reconnu pour son fils légitime et légitime héritier le jeune homme que voici : Georges d'Alvimare. Je l'affirme sur l'honneur et proteste d'avance contre toutes dispositions, faites alors que cet enfant passait pour mort, qui tendraient à le dépouiller du bien de son père.

Au milieu du chuchotement qui se propageait parmi l'assistance, le notaire interrogea Gontran du regard.

Gontran, froid et hautain, lui fit signe de poursuivre.

L'enveloppe étant ouverte, le notaire déplia l'écrit et lut à haute voix :

. . . .

Ceci est mon testament :

A la charge par lui de me remplacer auprès de mes ouvriers et de mon vieil ami Jacques, j'institue comme légataire unique, universel... mon contremaître Jean-Baptiste.

« André, comte d'Alvimare. »

Un applaudissement unanime éclata parmi les ouvriers.

Tous les visages s'étaient épanouis, tous les yeux brillaient, tous les cœurs étaient contents.

Le vicomte n'avait pu retenir un cri de rage, et Jean-Baptiste un cri de joie.

L'image de Valentine s'était offerte à sa pensée.

Mais, calmant les autres et se calmant lui-même :

— Cette fortune, dit-il d'une voix haute et ferme, je ne l'accepte pas. Je la rends à qui de droit, à Georges d'Alvimare, au fils du comte.

Cette fois, ce fut une acclamation d'enthousiasme.

Jean-Baptiste avait attiré Georges et le montrait fièrement à tous.

Jacques serrait la main de Jean-Baptiste.

Gontran restait stupéfié.

Mais déjà Jacobus commençait à se remettre.

— Jean-Baptiste... Humbert? murmura-t-il avec un mauvais sourire. Rien n'est perdu!

XX

UN PEU PARTOUT

Deux heures après la lecture du testament, dans ce même cabaret de la barrière où nous avons rencontré Mariol, il y avait foule, et c'était à qui célébrerait le désintéressement, la loyauté de Jean-Baptiste.

Un buveur, surexcité probablement par de nombreuses libations, se faisait remarquer entre tous par son enthousiasme et son verbiage. Il n'appartenait cependant pas à la grande Usine. Personne ne le connaissait.

Une casquette de loutre, enfoncée jusqu'aux sourcils, et d'épais favoris roux, ne laissaient apercevoir de son visage qu'un nez crochu, des yeux émérillonnés. Il avait l'accent allemand.

— C'est admirable, disait-il, c'est sublime! mais il faut espérer que le cheune homme bartachera afec lui. Ils afaient l'air d'agord tous les teux... Ils étaient là guand le gompte a été vrappé; ils l'ont téfendu pien zertainement... et tire qu'autrefois des maufaises lanques afaient accusé Bierre Humbert, le bère de Chean-Paptiste, d'afoir azassiné la gomptesse et son enfant! C'est gomme si l'on tisait auchoud'hui que ce brave Chean-Baptiste a azassiné le gomte, et que le cheune homme, pour détourner les soubzons, lui sert de gombère.

Un envieux prit la balle au bond :

— Au fait, dit-il, il n'y a pas de preuves. On n'a pas laissé au patron le temps de refaire son testament, ni de rien écrire; tout ça est louche.

L'assemblée tout entière protesta, s'emporta contre l'envieux. Déjà l'homme à la casquette de loutre avait disparu.

Cet homme, c'était Jacobus.

. . . .

En même temps qu'il lançait parmi les ouvriers cette insinuation perfide, Gontran, de son côté, la faisait pénétrer audacieusement dans l'esprit des magistrats.

Il avait demandé à être entendu de nouveau : il disait :

— Vous ne vous étonnerez pas, messieurs, que j'attaque ce prétendu testament. Je n'accuse personne... mais on me dépouille; je me défends, c'est mon droit. La nuit, près de mon oncle, il y avait quatre personnes : Jean-Baptiste, qui cachait son nom de famille; ce Jacques, un vagabond qui refuse de dire le sien; puis ces deux Italiens nomades arrivant on ne sait d'où... Si j'avais pu croire à la fable qu'ils racontent, sachez-le bien, messieurs, je ne me serais pas montré moins généreux que Jean-Baptiste.... Jean-Baptiste Humbert. Ce nom, dans ce nouveau drame, ne vous semble-t-il pas étrange? Quoi! un premier crime s'est commis dans cette maison. Le père, fortement soupçonné, passe en cour d'assises. On l'acquitte, mais faute de preuves suffisantes... et seize ans plus tard, lorsque le comte tombe à son tour sous les coups d'un assassin, Jean-Baptiste Humbert se trouve là... comme autrefois Pierre Humbert. N'ai-je pas un devoir à remplir? Bien au-dessus de l'héritage, il y a le nom des d'Alvimare; à moi de le faire respecter. Continuez votre enquête, messieurs; je vais commencer la mienne.

. . . .

Jean-Baptiste n'était plus à l'usine. Il avait couru vers sa mère.

Sur le seuil de la maisonnette, il trouva Barnabin.

— Où donc est Mariol ? lui demanda-t-il.

— Il est allé là-bas, chez un voisin, conduire ses enfants qui faisaient du bruit.

— Notre mère?

— Elle dort. J'ai, tout à l'heure, entr'ouvert la porte; Catherine m'a fait signe de ne pas entrer.

Les deux frères, ayant fait le tour de la maison, regardèrent par la fenêtre.

Catherine, suivant l'ordonnance des médecins, humectait, avec les barbes d'une plume trempée dans l'eau fraîche, les lèvres de la blessée.

Celle-ci, après un léger frissonnement, parut retomber dans un profond sommeil.

— Reste ici jusqu'au retour de Mariol, dit Jean-Baptiste à Barnabin. Moi, je veillerai cette nuit.

Puis, il rejoignit Jacques, qui l'attendait au dehors, avec Georges et Pépita.

Tous les quatre, ils se dirigèrent en silence vers la cahute du bohémien.

La nuit venait.

Dans un coin, déjà plongé dans l'ombre, sur de la paille, quelque chose grogna.

— C'est le pauvre Vendredi, expliqua Jacques. Il a reçu de graves blessures ; mais ce n'est pas un animal à mourir pour si peu... n'est-ce pas, mon chien ?

Vendredi, caressé par son maître, fit entendre, en guise de réponse, quelques gémissements plaintifs.

Mais, lorsque Georges et Pépita, qui, cependant, étaient de ses amis, s'approchèrent à leur tour, il gronda tout à coup, ramenant sous son poil quelque chose de grisâtre.

— C'est, dit Jacques, un lambeau du carrick de Martin le Borgne.

A ce moment, comme s'il eût compris, le bardache aboya ; mais sans doute arrêté par la douleur, il se tut aussitôt, montrant ses dents blanches.

— Il entretient ainsi sa colère, dit Jacques ; il se souvient.

Puis, allumant un flambeau, il fit asseoir ses hôtes. Déjà, les sourdes machinations de Gontran avaient éveillé la prudence instinctive du vieux bohémien. Il ne savait rien ; il n'avait rien vu, sinon le visage du vicomte, celui de Jacobus et quelques regards échangés entre eux. Pour lui, c'était assez.

— Ami, dit-il à Jean-Baptiste, ma vieille expérience pressent un danger qui nous menace tous les quatre. Préparons-nous à lutter, nous qui sommes des hommes... Quant à ces deux enfants, il faut les mettre à l'abri.

— J'y pensais, fit l'ingénieur en se tournant à son tour vers eux.

Georges, prenant la main de Pépità, répondit :

— Où voulez-vous que j'aille?... J'irai, mais avec elle.

— Georges, reprit le vieux bohémien, écoutez-moi. J'étais l'ami de votre père, je suis le vôtre. Un premier miracle vous a rendu la parole ; un second s'opère dans votre intelligence, que le malheur a réveillée, que développera le devoir... Vous n'êtes plus le pifferaro n'ayant d'autres soucis que le pain de la journée, vous êtes l'héritier du comte d'Alvimare. Il vous regarde. Que dirait-il si son fils ne se montrait pas digne de lui ?

Georges écoutait avidement ces paroles ; elles allaient droit à son esprit, à son cœur.

— Digne de lui ! répéta-t-il avec un regard fier, d'un ton résolu ; digne de mon père ! Oh ! oui, j'en serai digne !

— Mon enfant, reprit le vieillard, la vie est un combat. Pour combattre, il faut une arme. L'arme moderne, c'est l'éducation. Très probablement, on va contester votre fortune, votre nom, votre père. Vous devrez paraître devant un tribunal. D'ici là, étudiez, travaillez, transformez-vous ; faites en sorte qu'en vous voyant, en vous écoutant, chacun se dise : « Il ne ment pas, c'est bien le fils d'André d'Alvimare. »

— On le dira ! répondit Georges tout frémissant d'impatience et les yeux enflammés de courage.

Puis, avec une tendre appréhension :

— Mais, demanda-t-il, mais Pépita ?

— J'entends, répondit Jacques, qu'elle s'instruise et s'élève en même temps que son ancien compagnon. Lorsque Noël sera devenu un gentilhomme, une autre Pépita lui sera rendue, son égale encore, toujours sa sœur... Courage donc, mes enfants ! Qu'une noble émulation vous stimule. Montez, montez du même pas, bien que par des routes différentes, jusqu'au rendez-vous que je vous donne aujourd'hui. Le premier arrivé tendra la main à l'autre, et ce sera sa recompense.

— Il faut donc nous séparer! s'écria Georges tout palpitant d'angoisse et d'effroi.

Avec une humilité touchante, avec un dévouement passionné dans la voix, dans le regard, Pépita lui répondit :

— Accepte, Noël, et tu parviendras, j'en réponds. Moi, si je ne puis m'élever en même temps, je te suivrai d'en bas, de loin, heureuse de te savoir heureux, frère, et de prier pour toi.

Il l'attira brusquement sur son cœur, il l'étreignit dans ses bras.

Jacques se retourna vers Jean-Baptiste et lui dit :

— Vous allez vous occuper de Pépita, moi je me charge de Georges.

— Où le menez-vous ?

— Chez un de mes anciens camarades, le colonel Fabre-Bey. Vous en avez sans doute entendu parler ?

— Certes. N'est-ce pas ce savant, ce héros de l'expédition d'Egypte, qui, restant auprès du pacha, du vice-roi, devint son inspirateur, son ministre et sut régénérer tout un peuple ?

— C'est bien cela. Depuis quelques mois, il est de retour. Nous nous sommes revus. C'est pour moi plus qu'un ami, c'est presque un frère. Je ne crois pas qu'il y ait sur terre un homme meilleur, plus patient, plus instruit. C'est le père intellectuel qu'il faut à Georges.

— Et Pépita ?

— Avez-vous donc oublié certaine fée bienfaisante, qui ne demandera pas mieux que de lui servir de marraine ?

XXI

LES FUNÉRAILLES

Retardées par les formalités judiciaires, les funérailles du comte avaient lieu le surlendemain.

Sur le cercueil, l'écusson d'Alvimare, une roue d'engrenage, une épée, représentaient le gentilhomme, l'industriel et le soldat. Cette épée, c'était celle que le comte avait tirée pour la défense de Paris.

Une foule considérable était venue pour lui rendre les derniers devoirs. Par son empressement, par son attitude, elle prouvait l'estime qu'il avait su mériter, les regrets qu'il laissait, la vénération qui s'attachait à sa mémoire. Avant tout et surtout, c'était le convoi d'un homme de bien.

Lorsque le corbillard se mit en marche, il y eut un temps d'arrêt ; Gontran se faisait attendre.

Enfin, il parut.

Mais déjà quelqu'un prenait place derrière le cercueil.

Georges d'Alvimare.

La façon vraiment digne dont il portait son vêtement noir, sa beauté, sa pâleur, ses larmes, lui conquirent aussitôt la sympathie, l'admiration de la foule.

A sa droite marchait un magnifique vieillard, ayant au cou le ruban rouge et, sur la poitrine, vingt décorations étrangères, parmi lesquelles l'étoile en diamants d'un ordre oriental.

C'était le colonel Fabre-Bey.

A gauche, Jacques... mais tel que personne ne se souvenait de l'avoir vu.

Vêtu de longue capote bleue des officiers de l'empire, il avait à la boutonnière la rosette de la Légion d'honneur. Sa haute taille, son allure martiale, son visage austère et glorieusement balafré, tout attestait qu'il ne faisait que reprendre ses droits.

Cependant le vicomte, offensé dans son orgueil, avait fait un pas pour reprendre la tête du deuil.

Les deux vieillards qui protégeaient l'orphelin, le fils du comte, n'eurent besoin que de se retourner à demi vers le neveu pour le reléguer au second rang.

Il s'y trouva de front avec le légataire, avec Jean-Baptiste.

Leurs regards s'étaient croisés comme deux épées.

Jacobus, qui marchait de l'autre côté de Gontran, le toucha du coude et sembla lui dire :

— « Ne nous emportons pas ; patience. »

Au cimetière, comme on défilait devant la fosse, plus d'une main serra la main de Jean-Baptiste. Cependant, parmi les notables de la commune, même parmi les ouvriers de l'usine, il en remarqua un certain nombre qui s'éloignaient en détournant la tête et semblaient éviter son approche. Des groupesse formaient çà et là, dans lesquels on chuchotait en le regardant à la dérobée, en le désignant du doigt. Sans en deviner la cause, il se sentit l'objet d'une vague réprobation, d'une sourde hostilité.

Déjà, la calomnie avait fait son œuvre.

Surpris, instinctivement blessé, cherchant à se rendre compte de ce qui se passait autour de lui, Jean-Baptiste sortit du cimetière.

Il aperçut le vicomte et son ex-professeur arrêtés à l'angle de la route, et qui paraissaient attendre avec impatience.

Sur leur visage, Jean-Baptiste crut lire la haine et la menace. Un pressentiment l'avertit d'un danger qui partait de là.

Quand Georges et Jacques remontèrent dans la voiture de Fabre-Bey, quand cette voiture s'éloigna, Jacobus et Gontran ne purent dissimuler un geste de colère. On eût dit qu'une proie leur échappait.

Qu'attendaient donc, qu'espéraient ces deux hommes ?

Au moment où le jeune ingénieur se posait cette question, il entendit tout à coup la voix de Mariol qui dans un groupe plus malveillant que les autres, protestait avec indignation, avec exaspération, contre des paroles par lesquelles très probablement sa franche et cordiale nature avait été révoltée.

Jean-Baptiste voulut savoir; il s'avança...

Mais aussitôt Mariol se tut, et, par un geste rapide, un regard suppliant, imposa silence aux autres, qui se dispersèrent en toute hâte.

— Que se passe-t-il donc? demanda le contremaître qui restait seul avec l'ouvrier. Que disaient tes camarades? et pourquoi ta colère contre eux?

Mariol, tout interloqué, suant à grosses gouttes, haletant, écarlate, s'écria tout d'abord :

— C'est une infamie !... une horreur !... une atrocité !... c'est...

Il s'interrompit tout à coup, et, s'efforçant de sourire pour donner le change à celui qui l'interrogeait :

— Nous causions politique, reprit-il, et, vous savez, on crie, on se dispute... il ne faut pas vous inquiéter pour si peu, monsieur Jean-Baptiste... Vous êtes bien trop au-dessus... ça ne peut pas vous atteindre...

Le fils de Mme Humbert allait insister ; une main le toucha à l'épaule ; il se retourna ; il reconnut le commissaire de police.

— Jean-Baptiste Humbert, dit celui-ci, veuillez me suivre.

— Où donc cela ? pourquoi ?

— On vous l'expliquera plus tard ; obéissez.

— Et si je m'y refusais ?

— Ne voyez-vous pas que ces messieurs sont là pour me prêter main-forte ?

Le commissaire désignait une douzaine de gardes nationaux qui se tenaient à quelques pas de là, l'arme au pied.

On était au lendemain de la révolution de Juillet, et, dans la banlieue de Paris, c'était la milice citoyenne à peine réorganisée de la veille, qui faisait le service militaire.

Cependant Jean-Baptiste commençait à s'émouvoir.

— Mais demanda-t-il, de quel droit...

— Voici le mandat d'amener, répondit le commissaire.

— Ainsi, c'est une arrestation ?

— Oui, je vous arrête.

— A quel propos ?

— Comme prévenu de complicité dans le meurtre du comte d'Alvimare.

— Ah ! s'écria Jean-Baptiste dont les yeux s'étaient déjà portés vers le vicomte ; ah ! je comprends !

Une seconde fois la voix de Mariol se fit entendre. Il avait trouvé, rassemblé des camarades, des amis, dont rien n'avait pu ébranler l'estime et le dévouement. Ceux-là même qui, tout à l'heure, avaient douté, revenaient en partie vers Jean-Baptiste, et, maintenant qu'il était menacé de la prison, semblaient disposés à le défendre. Mariol, d'ailleurs, était là qui les entraînait, qui les enflammait par son exemple.

— Ne le laissons pas emmener ! criait le digne garçon ; c'est des calomnies ! c'est un complot ? Vous savez tous combien il est loyal et généreux... ce qu'il a fait et ce qu'il voudrait faire pour les ouvriers. Soutenons-nous !... délivrons-le !... En avant !...

La foule barrait le chemin.

Jean-Baptiste lui-même s'interposa.

— Mariol, dit-il, tais-toi ! Il y a des accusations tellement insensées, qu'elles n'atteignent pas un honnête homme. Est-ce que j'ai l'air d'un assassin ? Pourquoi voudriez-vous que je fuie ? que je me cache ? Il n'y a que les criminels qui se cachent. il n'y a que les lâches qui fuient. Laissez-moi donc obéir à la loi ; la loi française est juste. Place ! faites-nous place... à ces messieurs et à moi !... C'est de mon plein gré que je m'en vais avec eux... Laissez-nous donc passer... je vous en prie... je le veux !

Ces sages et courageuses paroles atteignirent leur but.

Les premiers rangs de la foule s'écartèrent.

Mais Mariol n'était pas convaincu.

— Jean-Baptiste, s'écria-t-il, et votre mère !

Le fils de Madeleine tressaillit, tourna les yeux dans la direction de la maisonnette où reposait la blessée.

Mais, après ce temps d'arrêt, après une courte réflexion, se remettant en marche :

— Dès ce soir, dit-il, on me rendra ma liberté. Hâtons-nous !

Ce n'était plus l'escouade qui le conduisait, c'était lui qui paraissait la conduire.

Mais on avançait lentement ; les groupes se reformaient sans cesse ; ils ne tardèrent pas à redevenir menaçants.

On approchait des maisons habitées par les ouvriers. Le bruit de l'arrestation s'y était déjà répandu. Les femmes, dont le jeune contremaître avait su mériter la reconnaissance en éloignant leurs maris du cabaret, accoururent et les excitèrent à la délivrance de Jean-Baptiste.

Cette fois, le commissaire craignit une émeute.

— Monsieur, dit-il à son prisonnier, il y a là, sur notre droite, un poste, nouvellement construit. Je crois qu'il serait plus sage de nous y rendre. Tandis que vous y resteriez sous la surveillance de ces messieurs de la garde nationale, moi j'irai chercher du renfort ; et ce soir, dans la nuit, lorsque cette effervescence se sera calmée, nous gagnerons aisément Paris.

— Soit ! fit Jean-Baptiste.

Et, par une nouvelle harangue à la fois douce et ferme, il obtint une sorte de trêve à la faveur de laquelle on gagna le poste en question.

Quant à Mariol, comme frappé d'une idée soudaine, il courait à travers champs vers sa maison ; il se disait :

— Voyons d'abord ce qui se passe chez nous ?... Comment va la blessée?... Ce que dira Barnabin...

Barnabin était resté de garde auprès de sa mère. Lorsque Mariol, l'ayant attiré au dehors, lui eut tout raconté, tout expliqué :

— Quoi! se récria-t-il, mon frère a voulu nous quitter ainsi sans même un dernier adieu! La prison! on sait quand on y entre, on ne sait jamais quand on en sortira!... Et notre pauvre mère qui, tout à l'heure, a murmuré son nom, qui le cherchait des yeux!... Mais si elle ne le revoit pas bientôt, ce soir, elle s'inquiètera, se tourmentera... et, les médecins l'ont dit, c'est la mort.

Le gamin, tout anxieux, tout épouvanté, pleurait à chaudes larmes.

— Calme-toi! voyons! disait Mariol attendri ; c'est impossible qu'on le retienne!... On le relâchera demain, il est innocent.

— Ah! je le sais bien, fit Barnabin qui marchait à grands pas, qui trépignait d'impatience. Mais ce n'est pas demain qu'il nous le faut, c'est aujourd'hui, dès ce soir!... Et tu dis que les ouvriers n'osent pas?

— J'en ai peur, quoique leurs femmes les aient rudement poussés en avant.

Barnabin, tout crispé d'indignation, menaçait ciel et terre, lorsque, s'arrêtant tout à coup, il prêta l'oreille.

On entendait, au lointain, le bruit du tambour.

Rataplan se redressa, se frappa sur le front, comme illuminé d'une inspiration soudaine :

— Ah ! ah ! s'écria-t-il, les femmes n'ont pas réussi, les maris n'osent pas ! Eh bien ! il reste les enfants ; il n'y a que les enfants qui soient des hommes !

Et, sautant par-dessus la haie, courant à toutes jambes, il piqua droit au tambour.

XXII

BELLEVILLE ET LA VILLETTE A LA RESCOUSSE !

Le poste qui servait de prison provisoire à Jean-Baptiste était situé par delà la Villette, vers Pantin, tout à fait dans la campagne, au confluent de trois ou quatre routes formant la patte d'oie.

Depuis lors, les fortifications, les chemins de fer ont complètement changé la physionomie de cette banlieue parisienne; le poste a disparu depuis longtemps et ce n'est pas dommage.

On venait de le construire à la hâte, sa façade seule était terminée. C'était un temple grec, ou plutôt renouvelé des Grecs. Sur le fronton s'étalaient, moulés en plâtre, toutes sortes d'emblèmes : la charte, le triangle égalitaire, les balances de justice et le coq gaulois. Au sommet, un drapeau tricolore, peint sur fer-blanc, tournait tout d'une pièce avec des plis impossibles. Ce n'était pas un étendard, c'était une girouette.

Des trois autres côtés du monument, le revêtement manquait encore; on voyait la carcasse. Une seule fenêtre avait des vitres; les autres n'étaient encore que des trous. Sur le derrière, quelques poutrelles et planches formaient comme un tréteau de parade. En quatre mots, une forteresse pour rire.

Passons à la garnison.

Assurément nous ne voulons pas *railler la garde citoyenne*, comme disait un refrain de cette époque. Mais, en 1830, ce n'était qu'une force improvisée, à l'état d'ébauche. Rappelez-vous ces caricatures de Henri Monnier, de Daumier, qui représentent des *bizets* de la banlieue. Ils avaient des pantalons de toutes couleurs, des blouses ou des vestes, quelques uniformes retrouvés dans des friperies *extra-muros ;* enfin, des buffleteries de gardes champêtres et des chapeaux bolivar.

Mais quelle prestance! quelle fierté! quel zèle!

Il va sans dire que, quelques mois plus tard, cette ardeur se sera singulièrement refroidie. On réchignera pour monter sa garde, on fera connaissance avec l'Hôtel des haricots. En France, règle générale, on se passionne pour conquérir un droit; puis, sitôt que ce droit devient un devoir, ce devoir devient une corvée. Mais revenons à Jean-Baptiste.

On l'avait enfermé au premier étage, dans la chambre pourvue d'une croisée.

Il demanda tout ce qu'il faut pour écrire. On lui répondit qu'on aviserait.

Ce refus le blessa. Sa loyauté méritait plus de confiance.

Est-ce que par hasard, il aurait eu tort de ne pas écouter Mariol?

Au dehors, les rumeurs s'éloignaient.

Il regarda par la fenêtre.

Quelques derniers groupes stationnaient encore sur la route; mais, en ce moment même, ils se dispersèrent. Une pluie fine commençait à tomber.

Bientôt cette pluie, se transformant en averse, il ne resta plus dans la perspective qu'un seul être vivant; un pêcheur à la ligne qui, debout au bord du canal, s'obstinait quand même; et de temps en temps, lorsqu'il prenait un goujon, célébrait sa victoire par un vigoureux *fa-fa* en voix de basse.

On a reconnu Polydore.

A son tour, il disparut sous l'arche d'un pont.

Le soleil se couchait dans un ciel embrumé. Déjà se faisait la nuit.

Un sombre pressentiment descendit dans l'âme de Jean-Baptiste. Lui permettrait-on d'aller dire à sa mère un dernier adieu? Avant que son innocence fût reconnue, n'aurait-il pas à subir une longue prévention? Que deviendrait alors sa mère? Que penserait Valentine en le sachant accusé d'un crime? Elle l'apprendrait par les journaux, par Gontran.

Jean-Baptiste marchait à grands pas, la tête enfiévrée par toutes ces appréhensions, par toutes ces terreurs. Autour de Valentine, autour de Mme Humbert il y avait des ennemis, toutes sortes d'embûches et de périls. Qui donc les défendrait s'il n'était pas là?

Il s'était redressé, cherchant une issue, prêtant l'oreille.

Le bruit d'un tambour battant la marche arriva jusqu'à lui.

C'étaient sans doute les renforts attendus, de véritables soldats. Comment fuir maintenant? n'était-il pas trop tard?

Cependant ce tambour battait avec accélération;

son bruit grandissait, s'approchait avec une rapidité vraiment surprenante. Ceux qu'il guidait ne devaient pas marcher, mais courir.

Jean-Baptiste regarda au dehors.

On ne voyait rien de ce côté ; rien ne bougeait, sinon quelques cimes d'arbres agitées par le vent, sur le fond grisâtre du crépuscule.

Sous la fenêtre, un factionnaire allait et venait, l'arme à volonté.

Rappelez-vous, dans *les Animaux peints par eux-mêmes*, ce gros canard qui, harnaché militairement, monte sa garde avec des lunettes sur le bec.

La sentinelle en question, c'était cela.

Le prisonnier ouvrit la fenêtre.

A quelques pas, maintenant, mais vers la façade, le tambour grondait, tapageait comme un ouragan.

— Monsieur ! fit Jean-Baptiste, eh ! monsieur !

Le bizet releva la tête, et s'exprimant avec l'emphase solennelle de Joseph Prudhomme :

— Captif, répondit-il, je suis sous les armes ! Appelez-moi fusilier Pichu.

— Fusilier Pichu, qu'est-ce qui nous arrive là-bas?

— Autant qu'on en peut juger à l'œil nu, c'est une nuée de galopins. Ils sont armés en guerre, si j'ose m'exprimer ainsi. Des sabres de bois, des arcs et des frondes, c'est puéril. Attendez, voici le chef qui prend la parole. Ah ! l'effronté mioche !

Avant d'aller plus loin, nous dirons nous-même quelle était cette armée, et qui la commandait.

Nous avons vu Barnabin s'élancer dans la direction d'un tambour entendu au lointain. Ce tambour, dont il avait reconnu les roulements, guidait la promenade militaire des gamins de Belleville et de la

Villette, lesquels ne formaient plus maintenant qu'une seule et même bande.

Le capitaine Trois-d'un-Sou commandait en chef.

C'était un ancien rival de gloire. Depuis la retraite et l'abdication de Rataplan, c'était un ami.

Barnabin arriva, suffoqué par la course et par l'émotion. Avec des larmes dans la voix, avec des accents partis du cœur, il raconta l'arrestation de son frère, il demanda sa délivrance.

Cette expédition, cette croisade fut aussitôt acclamée, résolue. Un succès d'enthousiasme.

— Reprends le commandement, proposa Trois-d'un-Sou, conduis-nous toi-même à la victoire.

— Non, répliqua Barnabin, j'ai le cœur trop gros... je ne saurais plus. Songez donc, hier on a voulu tuer ma mère! Aujourd'hui voilà qu'on retient mon frère en prison! Rendez-le-moi, rendez-le-nous, mais à l'instant. Voilà tout ce que je demande.

— En avant donc! s'écria Trois-d'un-Sou. Camarades, ce n'est plus contre des petits que nous allons combattre, c'est contre des grands, contre des hommes. Ces bizets nous considèrent comme des gamins qui jouent au soldat. Eux aussi, sabre de bois! Prouvons-leur qu'à ce jeu-là nous sommes les moins empruntés et les plus braves... En avant! Belleville et la Villette à la rescousse! En avant!

On partit au pas accéléré; on arrivait au pas de charge.

Ce furent d'abord des vociférations et des gestes désordonnés, l'attaque d'une tribu de sauvages.

Mais le sergent qui commandait le poste ayant demandé ce qu'on voulait :

— Jean-Baptiste! répondirent-ils d'une même voix, la liberté de Jean-Baptiste?

C'est en ce moment que Jean-Baptiste interrogeait le factionnaire placé sous sa fenêtre :

— A-t-on jamais vu de pareils myrmidons? fit celui-ci ; mais nous allons vous flanquer le fouet, moutards !

Très probablement, une réponse analogue avait lieu du côté de la façade, car, tout aussitôt, des rires et des huées, des cris de coq et de chien, des miaulements et des glapissements retentirent de toutes parts.

Puis au milieu du silence, ce commandement :

— Canonniers, à vos pièces !

— Qu'est-ce que c'est? se récria le fusilier Pichu, Ils nous assiègent ! Ils nous bombardent !... Fichtre ! je viens de recevoir un trognon de chou. Bon ! maintenant c'est une pomme. Encore, s'ils l'avaient fait cuire !

Mais déjà les projectiles cessaient de pleuvoir. Déjà, c'était l'assaut.

Avez-vous jamais vu, sur nos côtes de Bretagne et de Normandie, la marée montante, et cela, par un fort vent d'ouest? Les flots accourent de tous les points de l'horizon ; ils se gonflent, se dressent, bondissent et s'abattent contre les rochers, les entourent, les escaladent et les submergent.

Ainsi se ruèrent nos gamins. Que pouvaient les pauvres bizets? c'étaient des pères, c'étaient des oncles. Ils étaient assaillis, envahis par leurs neveux, par leurs fils. On ne les frappait pas, on les embrassait, c'était les vaincre.

Cependant Barnabin, dès le commencement de la bagarre, avait cherché, avait aperçu Jean-Baptiste.

Par malheur, la fenêtre était trop haute.

— Holà ! hé, demanda Barnabin, qu'est-ce qui me fait la courte échelle?

— Présent ! fâ ! fa ! répondit l'ophicléïde de Polydore. Je ne suis une basse-taille que sous le rapport vocal. Au physique, un tambour-major. Grimpe !

Déjà Barnabin était dans les bras de son frère.

— Ah ! te voilà, méchant ! As-tu réfléchi ? Comprends-tu qu'il sera toujours temps d'aller toi-même à la prison ? mais que pour le quart-d'heure, avant tout, il faut revoir notre mère ; arranger une histoire pour qu'elle ne se tourmente pas de ton absence ; puis, t'entendre avec Jacques, avec tes amis, avec moi. Je flaire tout un complot ; je veux te parler, mais en lieu sûr. Filons !

La physionomie, le geste de Jean-Baptiste attestaient déjà son consentement.

Ces quelques heures de captivité modifiaient sa résolution. Pour garantir la sécurité de ceux qu'il aimait, pour assurer sa propre défense, il lui fallait au moins quelques jours de liberté.

Déjà Barnabin, enchanté d'avoir réussi, se penchait au dehors :

— Eh ! dis donc, l'homme au contre-fâ, on demande bis à ton échelle !

— Voilà ! voilà !

Les deux frères descendirent, et, suivis de Polydore, s'éloignèrent.

XXIII

LES FUGITIFS

La nuit, une nuit brumeuse, enveloppe les buttes Chaumont.

Parfois un rayon de lune, glissant entre deux nuages, éclaire furtivement les crêtes et les mamelons, les boqueteaux et les halliers.

Puis tout se replonge dans les ténèbres.

Aucune créature vivante ne s'est laissé entrevoir. On n'entend aucun bruit. C'est à se croire à mille lieues de Paris, dans un désert.

Cependant, si vous y regardez de plus près, aux alentours de la maisonnette de Mariol, trois hommes sont à l'affût.

Le premier, à l'angle de la grande route, sous l'abri d'une grande charrette, dont les brancards se dressent vers le ciel.

De temps en temps, sur les cordes les plus graves de la voix humaine, il laisse échapper, en sourdine, une note qui ressemble au croassement d'une grenouille à moitié endormie : fa! fa!

C'est Polydore.

Plus près de la maison, dans un fossé, sous les broussailles, Barnabin est blotti, comme un jeune levraut dans son gîte.

Enfin, sur les premiers contreforts des buttes, à cent pas environ, quelques étincelles jaillissent, aussitôt emportées par le vent.

Barnabin les a remarquées; il observe et se dit :

— Pour sûr, il y a là une pipe qui ne grille pas toute seule. Quel est le fumeur?

Le fumeur, c'est Martin le Borgne.

Derrière un tertre, dans une fondrière, il est également aux aguets, mais pour le compte de la partie adverse.

Tout à coup, au milieu du silence, un fa retentit, sonore et bref.

— Ah! Polydore nous signale l'approche de quelqu'un, pense en tressaillant le frère de Jean-Baptiste. J'entends un roulement de voiture. Attention!

Bientôt la silhouette d'un cabriolet, sans lanternes allumées, se dessine dans l'ombre.

A deux pas de la cachette choisie par Barnabin, le cheval s'arrête.

Une tête s'allonge en dehors de la capote, et se tourne vers la maisonnette, dont une fenêtre est éclairée, mais si faiblement, qu'à peine la distingue-t-on dans la nuit.

— S'il était là? murmure celui qui regarde.

— Nous allons le savoir, répond une seconde voix. Attendez.

Un falot s'allume dans le cabriolet, s'avance et trace dans la nuit comme un point d'interrogation.

Presque aussitôt, de la bauge où Martin le Borgne est tapi, une fusée s'élève.

Puis une seconde, une troisième.

— Il y est ! dit-on dans la voiture. Il y est depuis trois heures. Hâtons-nous !

Et le cheval tourne bride, tandis que la lanterne s'éteint, mais après avoir jeté, sous le souffle de celui qui vient de la tourner vers son visage, une dernière lueur.

Barnabin vient d'entrevoir, de reconnaître les deux hommes qui sont dans le cabriolet : Gontran, Jacobus.

— Les infâmes ! dit-il. Ah ! si je pouvais aussi dévisager leur espion, l'homme à la pipe ; mais patience ! Il faut d'abord avertir le frère ; sans doute, ils sont allés le dénoncer. Alerte !

Déjà Barnabin courut vers la maison.

Mariol est assis sur le seuil.

— A ton tour, Mariol, va sur le chemin, fais le guet.

Puis, marchant sur la pointe du pied, retenant son souffle, il pénètre dans la chambre de la blessée.

Une veilleuse répand sur les objets sa faible clarté. Catherine est assoupie dans un fauteuil.

Jean-Baptiste, assis sur une chaise basse, regarde sa mère qui reste immobile, mais parfois se plaint vaguement, comme dans un fiévreux sommeil.

— Frere, dit tout bas Barnabin, il est temps de rejoindre Jacques.

— Pourquoi !

— Chut ! Viens, je te dirai tout.

Les deux frères se sont éloignés du lit. Le plus jeune raconte en quelques mots ce dont il vient d'être témoin.

Bien qu'il ait parlé sans bruit, la blessée s'en est émue.

Elle a fait un mouvement; ses lèvres s'entr'ouvrent:

— Mes enfants !... mes enfants !

Ils se hâtent d'aller vers elle.

— Mère ! souviens-toi de l'ordonnance des médecins. Ne parle pas, ne bouge pas. Nous sommes là. Ne crains rien. Silence.

Elle les regarde tour à tour, avec un sourire.

Trois jours se sont écoulés depuis que la balle est extraite. Les médecins paraissent satisfaits. Leur espérance se confirme; mais ils exigent plus que jamais l'absence de toute émotion, l'inertie la plus complète.

Tant que ses deux enfants ont été là, ou, du moins, tant qu'elle les a sentis près d'elle, Madeleine s'est résignée. Mais durant tout ce jour, Jean-Baptiste est resté absent : les funérailles d'abord, ensuite son arrestation. Lorsque, délivré par son frère, il est enfin revenu, déjà leur mère commençait à s'inquiéter, à s'agiter. Que sera-ce donc, s'il faut qu'il s'éloigne encore? Et qui sait, pour ne plus revenir de longtemps ?

— Mère, dit-il en cherchant à la préparer à cette séparation, bonne mère, promets-moi d'être raisonnable. Te voici beaucoup mieux maintenant. Je dois reprendre ma vie de travail. Il y a beaucoup d'ouvrage à l'usine. On ne peut se passer de moi. Il faut donc t'attendre à ne plus me retrouver auprès de toi, chaque fois que tu te réveilles. Si tu ne me revois pas de tout un jour, ne vas pas te tourmenter de cela, c'est qu'une besogne urgente m'aura retenu. Il se pourrait même que je fusse obligé de faire un petit voyage, comme de temps en temps, tu sais? Oh ! ce ne serait pas long, je viendrais te dire adieu. Je te dis maintenant : à demain ! Rendors-toi, sois calme, et tu nous seras bientôt rendue. Je t'aime, ma mère ! Au revoir ! Bonne nuit !

Il sortit, le visage encore tourné vers la blessée, la rassurant, l'encourageant du regard et du sourire. Mais aussitôt la porte refermée derrière lui, des larmes ruisselèrent de ses yeux.

— Hâtons-nous ! supplia Barnabin, ils vont venir, et s'ils te trouvaient ici, si notre mère entendait, soupçonnait !... Oh ! j'en frémis, rien que d'y penser !

Jean-Baptiste se fit donner une plume, du papier, de l'encre, et rapidement il écrivit ces quelques mots :

— Sur l'honneur et devant Dieu, je prends l'engagement de me constituer prisonnier dans les vingt-quatre heures. Je supplie qu'on ne vienne pas chez ma mère : une émotion la tuerait !

Comme il achevait de signer :

— Donnez, que je signe à mon tour, dit le vieux médecin qui venait d'entrer.

— Comment... docteur.

— L'attestation du médecin, c'est la règle. Par la même occasion, je garantirai votre parole. Et je reste ici pour éloigner ceux qui ne doivent pas entrer. Pas de remercîments. Votre mère est malade, et, comme telle, elle m'appartient. Mon droit et mon devoir sont de la défendre contre tous les dangers qui la menacent. Allez sans crainte.

Jean-Baptiste baisa les mains du vieillard, et s'éloigna.

Mariol et Barnabin l'accompagnaient.

Quelques pas plus loin, comme formant l'arrière-garde, s'avançait la grande ombre de Polydore.

Mais au bout de quelques instants, dès qu'on eut

franchi la première ondulation du sentier qui serpentait à travers les buttes :

— Inutile que vous alliez plus loin, dit Jean-Baptiste, je connais le chemin, et Jacques m'attend. A demain, frère! Dès qu'il fera jour, viens m'apporter des nouvelles. Notre mère n'a plus que toi. Songe qu'il est temps de devenir un homme.

— J'y songe! répliqua Barnabin en embrassant Jean-Baptiste.

Puis celui-ci, traversant à grands pas les buttes, atteignit bientôt une carrière dans l'arche souterraine de laquelle il disparut.

. . . .

Barnabin, comme sous l'influence des dernières paroles de son frère, était resté pensif.

Il se frappa le front tout à coup.

— Qu'as-tu donc? demanda Polydore.

— Une idée!

— Laquelle?

— Elle est là, dans ma tête, ça bout. J'y suis!

— Servez chaud! fit la basse-taille.

— Soit! consentit le gamin; mais il faut jurer de me suivre n'importe où, de m'obéir en n'importe quoi. Bref, être mon lieutenant et Mariol aussi. Veux-tu, Mariol!

— Oui, si c'est une occasion de prouver ma reconnaissance à Jean-Baptiste.

— Ainsi, tu jures?

— Je jure.

— Et toi, Polydore?

— Fa! fa!

C'était une façon de jurer tout comme une autre.

Cependant les deux lieutenants demandaient une explication.

— Pas ici, refusa Barnabin; j'ai mon plan, suivez-moi.

Il atteignit une éminence d'où l'on découvrait la maisonnette de Mariol.

Puis, après s'être orienté comme un ingénieur qui recherche un point par rapport à certains autres:

— Ce doit être ici; c'est ici qu'était caché l'homme à la pipe, l'homme aux trois fusées.

— Quel peut être cet homme? demanda Mariol.

— C'est ce que nous allons savoir, répliqua Barnabin. Les trois fusées qui lui ont servi de signaux télégraphiques étaient de ces fusées bleues à quatre sous le paquet, comme nous en avons tant brûlé quand nous étions enfants. Dès que la poudre a jeté sa gerbe d'étincelles, on laisse tomber l'enveloppe. Cherchons.

— Attends, dit Polydore, j'ai dans ma poche un rat-de-cave et des allumettes.

Le rat-de-cave, aussitôt allumé, se promena durant quelques secondes à la surface du sol.

On ne tarda pas à retrouver une première cartouche vide, puis la seconde, puis la troisième.

— Je ne me trompais pas! s'écria Barnabin.

— Après? questionna Stanislas Mariol.

— Vous ne comprenez pas encore?

— Non, dirent les deux lieutenants.

— Permettez-moi de vous poser deux questions, reprit le jeune chef. Primo: Quel temps faisait-il tout à l'heure?

— Il pleuvait, répondit la basse-taille.

— Très bien. Secundo: Quelle est la nature du terrain des buttes?

— C'est de la terre glaise, répondit l'ouvrier.

— Par conséquent, déduisit le frère de Jean-Baptiste,

cette terre, lorsqu'elle est mouillée, garde toute espèce d'empreintes. Passe-moi ton rat-de-cave, ami, Fafa, et cherchons... cherchons encore.

L'empreinte de deux larges semelles était comme moulée dans la glaise.

— Voilà la piste ! dit Barnabin ; nous n'avons plus qu'à la suivre.

— Subtilement raisonné ! dit Polydore. Mais il fait bien noir, et mon luminaire n'ira pas loin.

— Aussi n'est-ce que demain matin que je vous propose de nous mettre en chasse. Est-ce dit ?

— C'est dit !

— A demain donc, sitôt qu'on y verra clair.

— A demain ! fit Stanislas. Moi, je m'en vais relayer Catherine, qui doit avoir grand besoin de repos.

— C'est moi qui veillerai cette nuit auprès de ma mère, dit le fils de la blessée, je le veux.

Et déjà, suivi de Mariol, il se mettait en chemin.

Polydore n'avait pas bougé ; il semblait réfléchir.

— Bah ! décida-t-il enfin, je reste ici : c'est le moyen le plus sûr d'être exact au rendez-vous.

— Comment ! se récrièrent ses compagnons, tu veux dormir à la belle étoile ?

— Je suis coutumier du fait, répliqua philosophiquement l'artiste, et voici précisément les étoiles qui se rallument tout exprès pour me tenir compagnie. La pluie a cessé, le ciel redevient clair, un temps superbe. Grâce à vos largesses, mes amis, j'ai bien soupé là-bas, sous la charrette. Il reste quelques gouttes d'eau-de-vie dans ma gourde et dans ma blague une dernière pipe de tabac. Enfin, j'ai mon manteau couleur de muraille. Ne vous inquiétez pas de moi, je saurai trouver quelque trou tapissé d'un peu d'herbe. Comme on fait son lit, on se couche. Bien le bonsoir.

Mariol et Barnabin connaissaient les mœurs de Fafa; ils n'insistèrent pas davantage et s'éloignèrent.

Chemin faisant, de ce ton d'autorité qui sied à l'initiative, Barnabin donna ses dernières instructions pour le lendemain.

— Diable de Rataplan ! pensait Mariol, il faut toujours qu'il soit capitaine !

XXIV

SOUS TERRE

Tout le monde connaît les catacombes de Paris ; celles de la rive droite sont généralement ignorées.

Elles existent cependant ; elles se croisent et se prolongent sous les coteaux de Belleville et de Romainville.

Nous avons vu Jacobus et Martin le Borgne pénétrer, à la poursuite de la blessée, dans l'ouverture la plus éloignée, vers le nord.

Un peu plus près de Paris, ce sont les carrières d'Amérique, ainsi nommées parce qu'on les exploite d'après la méthode américaine. Elles sont encore en pleine activité.

Vers Montfaucon, presque à la barrière, il y en avait d'autres, les plus anciennes et les plus nombreuses ; elles ont fait place au square des buttes Chaumont.

C'est du côté de ces dernières que se dirigeait Jean-Baptiste.

A l'entrée d'une voûte, il retrouva Jacques qui l'attendait.

Quelques mots le mirent au courant de tout ce qui s'était passé depuis sa sortie du cimetière, avec Georges d'Alvimare et Fabre-Bey.

— Je m'en doutais! dit Jacques, et c'est pourquoi je vous avais donné rendez-vous ici. J'y connais un refuge ignoré, introuvable. Il y a aussi une dénonciation, un mandat d'amener contre moi. Les misérables! Ils savent que pour le vieux bohémien, l'indépendant, le sauvage, la captivité, ce serait la mort.

— Courage! répondit Jean-Baptiste en lui serrant la main, cette persécution n'aura qu'un temps. Nous sommes en France, et les coupables seuls y doivent redouter la justice.

— D'accord; mais, avant la prison préventive, il faut nous entendre et déjouer promptement, d'une manière éclatante, les odieuses manœuvres de nos ennemis... Vous devez être brisé de fatigue, mon pauvre enfant?

— En effet... voilà trois jours que je n'ai dormi. Je crois que, depuis ce matin, je n'ai rien mangé.

Le vieillard venait d'allumer une lampe de mineur; il entra le premier dans la carrière.

C'était d'abord une vaste et haute grotte d'où partaient plusieurs souterrains.

D'après la sage loi qui régit nos mines, on avait d'abord exploité la masse supérieure. Puis, un éboulement ayant été provoqué, on avait recommencé plus bas, attaquant ainsi la seconde masse.

On travaillait présentement à la troisième, c'est-à-dire à la plus grande profondeur dans les entrailles de la terre.

Jacques s'était engagé dans une galerie qui descendait en pente douce.

D'autres ramifications transversales s'ouvraient de distance en distance, rappelant les terriers de certains animaux, le mystérieux travail de certains insectes. Rarement l'homme invente, il imite.

Le falot que portait Jacques faisait resplendir au passage les cristaux enchâssés dans les blanches parois du gypse et, pour un instant, éclairait les noirs étançons qui soutenaient la voûte, comme aussi des charrettes dételées, des brouettes, des civières, des échelles, toutes sortes d'outils servant aux carriers.

Le silence n'était pas moins profond que les ténèbres; l'écho ne se réveillait que pour répéter le pas des deux visiteurs nocturnes et, de temps en temps, quelques mots de Jacques indiquant le chemin.

On obliqua bientôt vers un corridor qui semblait abandonné.

— Mais, observa Jean-Baptiste, mais comment mon frère, qui doit venir demain, s'y reconnaîtra-t-il dans ce dédale!

— Je lui en ai moi-même montré le fil, répondit Jacques, et, pour aider sa mémoire, il a pris ses jalons, ses points de repère. Voyez-vous cette croix noire dans le gypse blanc? C'est lui-même qui l'a charbonnée ce matin. Rataplan se souvient encore de l'histoire du petit Poucet; il saura retrouver sa route.

A quelques pas de là, un éboulement semblait barrer la galerie.

Cependant, Jacques gravit les décombres et passa de l'autre côté.

Jean-Baptiste l'y rejoignit, se courbant à son tour sous la voûte.

Au-delà, ce n'était plus qu'une étroite anfractuosité se terminant en hauteur par une crevasse.

Dans cette crevasse, une corde à nœuds pendait.

— C'est là-haut, dit Jacques, montons.

La corde était amarrée autour d'un étançon renversé par un éboulement en travers d'un interstice qui s'était produit alors.

Sur la droite, un passage, un trou restait libre entre des débris de bois et des blocs de pierre à plâtre.

Mais il s'élargissait aussitôt, formant deux cavernes aérées par une mince fissure, qui se prolongeait sans doute jusqu'au ras du sol, car à une certaine hauteur, à travers des broussailles, une étoile brillait dans le ciel.

— On ne nous relancera pas jusqu'ici, murmura Jacques en allant accrocher sa lampe dans la seconde caverne.

Puis, ouvrant un panier qui contenait quelques provisions :

— Voici de quoi souper, dit-il. Asseyons-nous sur ces bottes de fougère avec lesquelles nous nous ferons ensuite un lit. Que dites-vous du campement?

— Il me semble suspendu au milieu d'une avalanche à peine arrêtée dans sa chute.

— Ici, comme partout ailleurs, conclut le vieillard, nous sommes dans la main de Dieu.

Et l'on soupa de bon appétit.

En même temps, la conversation s'engageait.

— Ami, commença Jacques, vous n'avez guère eu le loisir de vous rendre compte des événements qui se sont succédé depuis quelques jours. Moi, qui avais le cerveau plus libre, moi qui ai moins souffert, j'ai beaucoup observé, beaucoup réfléchi. Tout crime a son mobile : quel était le mobile de Martin le Borgne ? Nous savons que ce misérable est un de ceux qui ont fait disparaître, il y a quinze ans, le fils du comte d'Alvimare. Qui bénéficait de cette disparition ?... Gontran.

— C'est vrai, reconnut Jean-Baptiste.

— Georges d'Alvimare reparaît tout à coup, poursuivit Jacques. Martin le Borgne en a connaissance par la lettre de Pépita. A l'instant même, il frappe le comte. Pourquoi ce second assassinat, sinon pour assurer à Gontran l'héritage de son oncle ?

— Effectivement.

— Ce n'est pas tout. Il y a seize ans, votre père est accusé. Quels sont les témoins acharnés à sa perte? Jacobus, Gontran... Et quels sont ceux qui vous accusent aujourd'hui ?... Gontran, Jacobus.

— Oh ! mon père était innocent comme je le suis moi-même ! s'écria Jean-Baptiste.

— Certes ! affirma Jacques, je l'ai connu, j'étais là. C'est dans ce souvenir que je puise un premier indice. Jean-Baptiste, avez-vous jamais lu, étudié la relation de ce procès criminel ? Savez-vous quel but héroïque poursuivait votre mère ?

— Pauvre mère ! répliqua le fils de Madeleine, elle ne m'en a jamais rien dit, voulant garder pour elle tous les périls ; mais je pressentais la vérité... Je devine tout maintenant ; elle a dévoué sa vie pour réhabiliter notre honneur en démasquant les assassins.

— Oui. Et cette même nuit où le comte est assassiné, quelques instants plus tard, à peu de distance, dans la direction même où vient de s'enfuir le meurtrier, on veut tuer aussi votre mère. Ne serait-ce pas la même main ?

— Quoi ! Martin le Borgne ?

— Ou Gontran.

— Y songez-vous ?... un d'Alvimare !

— Un d'Alvimare qui, tout à l'heure, dans ce cabriolet, avec Jacobus, profitait des ténèbres pour vous espionner, pour vous livrer lâchement.

La franche et loyale nature de Jean-Baptiste se révolta.

— Non, dit-il, je ne veux pas croire à tant de bassesse, à tant d'infamie.

— Restez calme, poursuivit Jacques, et permettez-moi d'achever. A votre âge, on s'étonne de la perversité humaine, et plus un crime est monstrueux, plus on en doute. Je n'ai plus d'illusions, moi, je connais les hommes. Il y a longtemps que j'examine celui-là... Gontran. Jamais le comte d'Alvimare, si confiant et si bon, n'avait pu parvenir à l'aimer. Cette répulsion n'était-elle pas un instinct du passé, un pressentiment de l'avenir ? Gontran lui-même se comportait étrangement avec son oncle, qui cependant le traitait comme un fils. Il semblait souffrir en sa présence. Il évitait sa rencontre ; il n'a pas pleuré ! Non, pas une larme ; il est resté de glace ; mais, sous cette apparente froideur, on devinait l'angoisse, une torture cachée, peut-être le remords... Oh ! je n'affirme rien, je ne sais rien ! Aucune preuve, aucune certitude, aucun soupçon... J'ai voulu m'en défendre ; mais, si vous l'aviez observé comme moi, devant le cadavre, pendant la veillée funèbre, lors de la lecture du testament, à l'église, au cimetière ! Des frissons convulsifs passaient sur son visage ; il avait les yeux hagards, il était livide, effrayant ! J'en répondrais, il est capable de tout !

Déjà, depuis quelques instants, Jean-Baptiste luttait en lui-même contre la terrible logique des inductions de Jacques. Elles pesaient comme un mauvais rêve sur son cerveau alourdi, enfiévré par trois jours d'émotions et de veilles. Une énervante lassitude l'accablait ; il murmura :

— Capable de tout... mais alors... alors, il va me calomnier, m'accuser devant elle !

Jacques, comme pour le réveiller, lui mit la main sur l'épaule et le regarda en souriant.

— Pardon ! Jacques, dit-il ; mais, voyez-vous, c'est le plus grand de mes chagrins ; c'est là ce qui m'effraie. J'y pense sans cesse. Si on allait lui dire que je suis un misérable, un assassin !... Si Valentine allait le croire !

— Elle ne le croira pas, dit le vieillard. Un ami vous défendra.

— Quel ami ?

Jacques alla prendre la lampe et, tirant une lettre de sa poche, il la donna tout ouverte à Jean-Baptiste.

— Lisez !

La lettre, signée Max Sterner, était ainsi conçue :

« Mon vieux Sambre-et-Meuse,

» Bélisaire me manque depuis trois jours. Pour être assuré de l'avoir demain, je lui donne avis que demain, dans mon atelier, Mme la princesse de L... et sa fille poseront une dernière fois pour leur portrait. »

Jean-Baptiste ne put retenir un cri de joie.

— Vous irez, Jacques ?

— J'irai. Max Sterner est aussi votre ami. Comptez sur nous.

— Ah ! vous êtes bon... Merci Jacques, merci !

— Maintenant, reprit le vieillard, songeons au repos. Vos yeux se ferment malgré vous, mon enfant. Laissez-moi faire votre lit... Ah ! vous êtes chez moi ; j'entends pratiquer à ma guise les devoirs de l'hospitalité.

Dans le recoin le plus éloigné, le plus obscur, le vieillard étendit la fougère et contraignit le jeune homme à s'y coucher.

Celui-ci, du reste, opposa peu de résistance. Il tombait de sommeil, il était déjà presque endormi.

Son hôte passa dans la première caverne ; mais il resta éveillé, poursuivant en lui-même l'argumentation que lui suggéraient son instinct, son pressentiment.

Vers l'aube naissante, un léger sifflotement parvint à l'oreille de Jacques.

— C'est Barnabin, murmura-t-il.

La corde à nœuds avait été remontée en arrivant ; il la fit descendre dans la crevasse. Puis, se penchant vers l'orifice :

— Grimpe, dit-il à voix basse.

En un clin-d'œil, Barnabin fut auprès de Jacques.

— Et le frère? demanda-t-il.

— Chut, fit le vieillard, il dort... Comment ta mère a-t-elle passé la nuit ?

— Dans une profonde torpeur ; mais elle avait la fièvre, le délire. Des mots entrecoupés s'échappaient de ses lèvres, et ce devait toujours être le même rêve, car c'étaient toujours les mêmes mots.

— Quels mots ?

— Oh ! je les ai bien retenus ; elle les a si souvent répétés : « Le bureau... là, au milieu de la salle... le grand bureau... dans le tiroir de droite... un double fond... une lettre... une lettre au procureur du roi... Ah ! c'est la preuve ! »

Durant quelques secondes, le vieillard et le gamin se regardèrent en silence.

— Qu'est-ce que ça peut vouloir dire ? reprit celui-ci. Comprenez-vous, père Robinson ?

— Non. C'est probablement un souvenir... un souvenir de la nuit du meurtre.

— C'est aussi mon opinion, fit Barnabin. Tout est gravé là, dans ma tête. J'y réfléchirai... Mais vous n'avez pas besoin de moi, n'est-ce pas ? Faut que je m'en aille.

— Tu es donc bien pressé ?

— Oui.

— Où vas-tu ?

— C'est mon secret ?

Déjà notre gamin avait ressaisi la corde et se balançait dans l'espace.

— J'espère bien, lui dit le vieillard, qu'il ne s'agit plus d'école buissonnière ?

— Oh ! papa Robinson, fit Barnabin avec la sincérité d'un douloureux reproche ; oh ! mais vous n'avez donc pas encore compris que notre malheur m'a rendu sage ; un changement à vue, quoi ! Veiller ma mère, la sauver, confondre ses ennemis pour qu'ils ne recommencent pas, voilà mon but... et j'y cours... Oh ! je ne l'ai jamais tant aimée, ma pauvre mère. Adieu !

Et, se laissant glisser le long du câble, il disparut.

. . . .

Jacques repassa dans l'autre caverne ; il avait cru que Jean-Baptiste l'appelait.

Non, Jean-Baptiste dormait toujours ; mais des larmes coulaient sur sa joue, mais de ses lèvres s'échappait un nom :

— Valentine ! Valentine !

Jacques eut un sourire étrange et murmura :

— Comme il l'aime !

XXV

LA PISTE

Barnabin arrivait d'un côté ; de l'autre Mariol.

— Ecoute, dit celui-ci ; quel est ce bruit? La terre en tremble. On dirait un tonnerre qui gronde.

— C'est Fâfâ qui ronfle, répliqua celui-ci. Regarde.

Polydore avait fait son lit dans une fondrière en forme de berceau. Quelques broussailles lui servaient à la fois de matelas et d'oreiller. Il était superbe dans son sommeil.

Sa gigantesque taille, son profil accidenté, sa maigreur phénoménale, tout en lui rappelait ces chevaliers errants qui faisaient profession de coucher à la belle étoile.

C'était un don Quichotte parisien.

Ses deux compagnons lui sonnèrent en même temps le réveil :

— Holà ! hé ! Polydore !

— Fâfâ! répondit-il en se dressant aussitôt sur ses deux longues jambes.

La dernière note s'était prolongée par un formidable bâillement.

Ses deux grands bras se détendirent avec une telle brusquerie, que Mariol, bien qu'à une certaine distance, fut gourmé d'un vigoureux coup de poing.

— Saperlotte! fit-il, on crie gare. Quel assommoir! Ah ça, vous êtes donc un Hercule?

— Hercule maigre, répliqua la basse-taille en se campant dans une attitude olympienne.

Déjà Barnabin inspectait le sol.

— Messieurs, dit-il, faites trêve à vos discussions, et veuillez regarder ceci.

Il désignait l'empreinte observée la veille au soir. Elle était si parfaitement moulée dans la glaise, que maintenant, au grand jour, on en distinguait les moindres détails. Une brèche dans l'empeigne, un talon s'en allant tout de travers, de gros clous consolidant la semelle en lambeaux. C'était quelque chose d'éculé, d'avachi, de grimaçant; la chaussure d'un vagabond, d'un bandit.

Dans un cercle assez étendu, la terre était piétinée des mêmes empreintes. Puis, distancées les unes des autres, elles s'en allaient en droite ligne vers le nord-ouest.

— Il est facile de comprendre, opina Barnabin, que l'inconnu, après avoir tourné tout autour de son gîte pour tromper l'ennui d'une longue attente, a regagné son repaire à toutes jambes, aussitôt après les trois fusées. Suivons la piste.

— Comme dans le *Dernier des Mohicans*, fit Polydore. Notre jeune frère est un grand chef!

Et l'on se mit en marche.

Personne encore n'avait passé par ce même chemin. Les traces étaient uniques, intactes, évidentes; on les suivit sans hésiter.

Aux approches du four à plâtre, elles obliquaient tout à coup vers l'est.

— Pourquoi? demanda Mariol.

— Il aura craint d'être vu, reconnu par les bohémiens; c'est un des leurs, répondit Barnabin.

— Subtilement raisonné, jeune Sachem! approuva Polydore. Allons toujours.

Un peu plus loin les pas déviaient de nouveau, se dirigeant vers la cahute du père Robinson.

— Serait-il là? conjectura Mariol.

— Attention! fit Polydore, attention, mes Mohicans. Apprêtons nos tomahauks!

Les deux hommes s'étaient pourvus de bâtons ramassés en chemin; le gamin, dans son mouchoir, venait de loger un gros caillou.

Ils s'avancèrent en silence, avec précaution, comme des chasseurs supposant le gibier tout près d'eux.

La porte de la cabane était ouverte.

On n'entendait aucun bruit dans l'intérieur.

— Cependant, murmura Barnabin, Jacques avait rapporté chez lui son chien blessé. Vendredi devrait grogner à notre approche.

Mariol, contournant la hutte, alla regarder à travers la vitre enchâssée dans la muraille.

Puis, revenant vers ses compagnons:

— Vendredi n'est plus là, dit-il; ni lui, ni personne.

On entra, on chercha.

Le chien, décidement, avait disparu.

Sur sa couche de feuilles sèches, il y avait un lambeau de drap blanchâtre.

Barnabin le ramassa, l'examina de plus près, et bientôt se souvenant, murmura :

— L'homme au carrick !

— Il est entré ici ? s'écria Polydore. Voilà la trace de ses semelles boueuses. Elles rétrogradent tout à à coup vers le seuil. Vertuchoux ! quelle enjambée ! Ensuite plus rien... Si fait, là-bas, à plus de deux mètres, revoici les deux ignobles savates estampillées dans l'argile... une profonde empreinte ; il a dû sauter. Quel saut !

Barnabin était resté songeur. Tout à coup, se frappant le front, il s'écria :

— Je comprends, je comprends tout ! l'assassin, n'est-ce pas, c'est Martin le Borgne ?... Nous savons encore que, poursuivi par le chien, il s'en est débarrassé d'un coup de couteau, puis quelle rancune lui gardait Vendredi, rongeant ce morceau de carrick ; mais nous ignorions l'homme aux trois fusées. Je dis que c'est encore Martin le Borgne, et je le prouve. Ecoutez-moi.

— Parle, fit Mariol.

— Tu me rappelles Œil-de-Faucon, dit Fâfâ.

Déduisant son système de probabilités, Barnabin poursuivit :

— L'espion de là-bas voulait espionner également ici. Ne voyant pas de lumière, n'entendant rien, il est entré. Vendredi l'a reconnu, s'est élancé sur lui. De là l'enjambée rétrograde et le saut constaté par Polydore. Gageons que les pattes du chien se retrouvent maintenant à côté de celles de l'homme.

L'hypothèse aussitôt se vérifia.

— Quel grand chef ! dit Polydore, ah ! quel grand chef !

Barnabin ne songeait pas à plaisanter, lui ; il venait de repartir au pas de course.

Bientôt en travers du chemin marécageux, blanchâtre, quelque chose de noir apparut au lointain.

— Serait-ce un ours gris ? hasarda Polydore.

— Eh non ! décida Barnabin, c'est Vendredi.

Cette fois encore, il avait deviné juste.

Vendredi reconnut ses amis, se laissa flatter par eux, les remercia même d'un regard reconnaissant ; mais, quand on voulut le sortir de l'ornière dans laquelle il était tombé, ne pouvant sans doute aller plus loin, le terrible bardache montra les dents.

— Qu'a-t-il donc ? fit Mariol. On dirait qu'il cache sous lui quelque chose. Tout beau, tout beau, mon chien !... laisse-nous voir...

— Je vois, s'écria Barnabin ; c'est un soulier... le soulier de Martin le Borgne !

— Son mocassin ! dit Polydore en l'enlevant au bout de son bâton. Quelle grimace ! il est borgne, ignoble, féroce ; la boue lui fait un carrick ; il lui ressemble ! pouah !

Polydore allait rejeter l'horrible chaussure, mais il la retint au bout de son bâton, voyant que Vendredi, moins délicat, s'élançait pour la ressaisir au vol.

— Ah ! tu la veux, mon chien ? Suis-la... viens avec nous, guide-nous.

Durant quelques minutes, le bardache marcha aboyant de colère.

Evidemment sa blessure était déjà refermée, mais la force lui manquait encore.

Il ne tarda pas à se ralentir. Quelques pas plus loin il retomba.

On se trouvait alors devant une falaise de gypse,

dont la base, creusée par quelque hasard, présentait une sorte de niche.

Polydore y transporta Vendredi, sur un tas d'herbes et de feuilles apportées par Mariol.

Non loin de là ruisselait une source; le pauvre chien pourrait y aller boire.

On lui rendit le soulier, le lambeau de carrick.

Le bardache s'en ressaisit aussitôt avec un grondement de menaces.

— Bien, fit la basse-taille ; n'oublie pas ; ravive ta colère ; reprends des forces. Quand tu le pourras, cherche, cherche à ton tour, et venge-toi, venge-nous !

Vendredi hurla comme s'il avait compris, comme s'il promettait d'obéir.

Mais déjà Barnabin s'impatientait de ce retard. Il ne songeait qu'à son but. Il rappela ses deux lieutenants.

— Voilà ! voilà ! dit Fâfâ ; rentrons dans le sentier de la guerre.

On arriva bientôt à la grande carrière de Romainville. Mariol se reconnut.

— C'est là, dit-il, oui, là, que j'ai retrouvé Mme Humbert.

— Pauvre mère ! fit Barnabin, ne dirait-on pas que c'est Dieu qui nous conduit !

Et Polydore :

— Fâ-fâ !... ça se corse ! Avec l'aide du grand Manitou, nous serons triomphants.

Bien que les hautes herbes et les broussailles de l'escarpement rendissent la piste moins apparente, on put la suivre encore, jusqu'au plateau, jusqu'à la muraille de la villa, jusqu'à la brèche.

Au delà, dans l'allée du jardin, elle se retrouvait, elle se prolongeait, nette et distincte.

Devait-on s'y hasarder ?

Tout à coup, Mariol, dont l'esprit semblait en travail, jeta un cri :

— Je me souviens ! dit-il. Oui, c'est bien cela. La veille du meurtre, vers la tombée de la nuit, il y avait sur ce banc un vieux grincheux, un bossu. Ah ! je ne me trompe pas. C'est lui, c'est bien lui que j'ai revu plus tard, mais sous un tout autre aspect, à côté du vicomte Gontran ; c'est son ex-précepteur Jacobus.

— L'homme du cabriolet ! s'écria Barnabin. Plus de doute, entrons là.

Mais Polydore l'arrêta du geste :

— Minute, jeune Sagamore, j'ai la prudence du grand serpent. Renseignons-nous d'abord.

— Chez qui ?

— Chez une tante à moi, laquelle perche dans ces parages. Par la même occasion, nous lui demanderons à déjeuner, ce qui ne gâte jamais rien. Fâfâ !

— Comment s'appelle-t-elle, ta tante ?

— Madame veuve Picard, ou plus familièrement la Picarde.

XXVI

ÇA ET LA

La Picarde était en fonds ; de plus en belle humeur.

Son fils allait revenir, racheté par l'argent de Mme Humbert.

C'était, d'ailleurs, une excellente femme que la Picarde. Elle adorait son garçon ; elle était toute pleine de reconnaissance envers celle qui lui avait permis de le revoir. Quant à son neveu, un artiste, elle en était fière. Quel honneur pour la famille ?

Elle accueillit donc Polydore avec cordialité ; elle ne se montra nullement rétive à l'endroit du déjeuner.

Mais elle avait peur de Jacobus, voir même de la justice.

Si on allait lui faire rembourser la somme !

— On la doublerait plutôt ! déclara Polydore, et je m'installe céans pour vous protéger au besoin, ma tante. Vous cuisinez fort agréablement, mais vous causez encore mieux. Donnez-nous des renseignements, s'il vous plaît ?

Elle hésitait encore.

— Voyons ! voyons ! reprit Fâfâ ; vous nous avez avoué tout d'abord que vous connaissiez l'affreux bossu, que c'est vous qui faites son ménage, vous encore qui avez introduit nuitamment dans ses lares la dame noire... Ce qui, par parenthèse, est déjà toute une révélation. Achevez donc votre œuvre, ma tante, et passez franchement, avec armes et bagages, du côté des honnêtes gens. C'est le bon côté, que diable !

Barnabin prit aussitôt la parole. Il dit combien il aimait sa mère, comment elle avait été blessée, les souffrances qu'elle endurait, l'odieuse persécution à laquelle Jean-Baptiste était en butte. Il avait des larmes dans les yeux ; il suppliait d'un ton si touchant, si persuasif, que la Picarde finit par se laisser attendrir.

On arrivait, d'ailleurs, au dessert. La bonne dame avait bu quelques doigts de vin blanc, sans compter le gloria.

— Soit ! dit-elle, je ferai pour vous, ce que j'ai fait pour Mme Humbert, mais pas davantage. Je vous conduis jusqu'au balcon, j'entre-bâille la porte, et je me sauve.

— Cette prudence vous honore, ma tante. Nous acceptons. En route !

— Non pas, mon neveu ! Il fait grand jour, et le hibou ne sort que la nuit ; il est maintenant dans son trou. Peut-être même n'y est-il pas seul.

— Expliquez-vous, veuve Picard.

Après un regard circonspect, elle répondit à voix basse :

— Depuis trois jours, je soupçonne que quelqu'un se cache dans la vieille maison.

— Bah ! où donc ?

— Ah ! voilà ! Je ne sais pas. Vainement j'ai cherché, fureté, moi qui suis curieuse. C'est comme un repaire. Il doit s'y trouver des doubles-fonds, des traquenards. A bon entendeur, salut ! Voici l'heure où je vais chez le Jacobus. Il ne s'est douté de rien, l'autre jour. A preuve que la vitre cassée n'a pas été remise ; il y a tout simplement collé du papier. Tu pourras y passer la patte, mon neveu... Puis, tire la bobinette et la chevillette cherra... A ce soir !

On prit rendez-vous, et chacun s'en fut de son côté ; la Picarde à la villa ; Polydore au théâtre ; Mariol à l'usine, et Barnabin chez Mariol.

Le secret avait été promis, juré même avec le père Robinson, même avec Jean-Baptiste.

La Picarde et Barnabin le voulaient ainsi ; celle-là craignait de se compromettre, celui-ci avait dit :

— Je veux leur prouver que je suis un homme et que je les aime... Sauver mon frère de la prison, sauver ma mère de ses ennemis, et, ce qu'elle désirait, l'accomplir... à moi tout seul !

— Ingrat ! fit Mariol, mais tu nous comptes donc pour rien, Polydore et moi ?

— Pardon ! dit le fils de Madeleine en serrant la main de ses deux amis.

— Bah ! conclut philosophiquement la basse-taille, l'essentiel, c'est de dénicher le pot-aux-roses... et nous en approchons. Fâfâ... ça brûle !

. . . .

Comme Mariol, courant en droite ligne à la grande

Usine, venait de quitter Barnabin, comme celui-ci n'était plus qu'à cent pas de la maisonnette, il aperçut un homme qui précipitamment en sortait, s'éloignait.

Cet homme, tout de noir vêtu, était coiffé d'un chapeau à larges bords, enfoncé jusqu'aux oreilles. Il avait l'allure inquiète et furtive d'une bête fauve qui s'esquive après un larcin.

Barnabin, qui avait de bons yeux, reconnut Jacobus.

Un secret instinct lui serra le cœur. Il bondit vers la maison. La Mariole s'y trouvait seule.

— Catherine, interrogea le fils de la blessée, Catherine, qui sort donc d'ici ?

— Je ne sais trop, monsieur Barnabin, mais je suis contente que vous arriviez... C'est drôle tout de même cette visite.

— La visite de qui?

— De ce médecin.

— Ah ! c'est un médecin ?

— Il me l'a dit, soutenant qu'il venait de la part du vieux docteur. Mais je ne le connais pas, moi. Il voulait entrer chez la malade. Ah ! mais non ! J'avais ma consigne et me suis mise en travers de la porte. Ce refus parut le contrarier beaucoup ; il allait et venait, piétinant, s'obstinant, jurant ses grands dieux qu'il avait des remèdes à lui qui feraient merveille. Mais il se calma tout à coup à la vue de cette soucoupe que voici là-bas, sur l'angle du buffet. Je venais d'y remettre de l'eau fraîche ; vous savez, monsieur Barnabin, pour les lèvres de la blessée. Il se penchait vers cette eau, examinant la plume qui s'y trouve encore. Touchez pas ! lui dis-je, allez-vous-en! Il obéit, mais après avoir laissé tomber là-dedans quelque chose. Voyez plutôt, c'est trouble encore... je vais jeter ça.

— Non pas! se récria Barnabin. Donne-moi vivement une petite fiole, que je l'y transvase.

— Pourquoi?

— Pour montrer à notre bon vieux docteur. Est-il venu ce matin?

— Oui. Il venait de sortir quand l'autre est entré.

— Où pourrais-je le retrouver maintenant?

— Chez lui. Il y retournait pour sa consultation, dont c'est l'heure.

— J'y cours, et lui porte aussi la soucoupe, la plume. Il examinera le tout. Peut-être suis-je sur la trace d'un nouveau crime!

. . . .

Quelques minutes plus tard, Barnabin, tout essoufflé, arrivait chez le médecin.

Celui-ci, tout en écoutant, touchait les barbes de la plume et la surface de la porcelaine. Puis il alla chercher deux petits flacons, et, dans la fiole contenant l'eau, versa tour à tour quelques gouttes de l'un, quelques gouttes de l'autre.

A la première épreuve, l'eau était devenue rouge comme du sang; à la seconde, elle devint noire comme de l'encre.

Par deux fois le vieux praticien avait tressailli.

— Mon enfant, déclara-t-il, ton instinct filial ne t'abusait pas: on voulait empoisonner ta mère... un poison terrible!

— Docteur, monsieur le docteur, voudriez-vous attester, expliquer cela par un petit mot que je porterais au juge d'instruction? Lors de mon interrogatoire, il m'a pris en amitié.

— Je le crois à la grande Usine, fit le médecin. Veux-tu que je t'accompagne?

— Inutile de vous déranger, j'irai plus vite.

. . . .

Barnabin ne fit qu'un bond jusqu'à la fabrique. Le travail avait repris, en vertu d'un référé obtenu par Gontran, qui cherchait à se rendre populaire.

Dans la chambre même où le crime avait été commis, le juge d'instruction poursuivait sa tâche.

On ne les connaît pas assez ces magistrats modestes, intelligents et dévoués, qui, dans l'ombre de la procédure, s'acharnent patiemment à la recherche de la vérité, sans autre stimulant que la sainte passion de la justice, sans autre récompense que la satisfaction du devoir accompli.

Celui-ci avait soixante ans, la physionomie austère, le regard scrutateur, l'apparence rigide, mais parfois, dans un sourire qui le transfigurait, tant de fine et douce bonté que, sous le juge, on entrevoyait l'homme, et, sous le magistrat, le père.

— Ah! fit-il en apercevant Barnabin, te voilà?

— Je fais comme vous, monsieur le juge d'instruction, je cherche.

— Et trouves-tu, toi?

— Jugez-en.

Barnabin présentait la lettre du docteur; le magistrat en prit connaissance.

Tout aussitôt, remplissant les blancs d'un mandat d'amener:

— Il est temps, dit-il, qu'on s'assure de ce Jacobus.

— C'est aussi mon opinion, fit Barnabin. Et de deux!

— Que signifie?...

— Un, Martin-le-Borgne ; deux, Jacobus. Seulement, il faudrait mettre la main dessus.

— Aurais-tu quelque indice ?

— Mieux que cela, peut-être. Où pourra-t-on vous trouver ce soir, mon magistrat?

— Pourquoi cette question ?

— Parce que si nous faisons coup double, ce que j'espère, je tiens à vous offrir aussitôt mon gibier... gibier de potence !

— Explique-toi... parle.

— Non. Chacun sa police... et chacun son devoir. Il s'agit de notre honneur, il s'agit de ma mère, ça me regarde.

— Cependant...

— N'insistez pas, je vous en prie, monsieur le juge d'instruction. C'est mon secret... question d'orgueil... et question de cœur !

— Mais enfin, mon pauvre garçon, si tu courais quelque danger?

— Eh ! ventre-saint-gris ! sans le péril, où serait le mérite ?

Avec son bon sourire paternel, le magistrat frappa sur l'épaule du gamin, s'efforça de le faire parler.

Puis, voyant que Barnabin restait inébranlable, il sonna. Un gendarme parut.

Barnabin s'était discrètement éloigné.

— Le Lynx est-il là ? questionna le juge d'instruction à voix basse.

— Je viens de le voir en bas, répondit le gendarme.

— Faites-le monter.

Le gendarme sortit.

Déjà Barnabin s'apprêtait à le suivre.

— Eh bien ! fit le magistrat, tu oublies ce que tu

m'as demandé? Où je serai ce soir ? Je dîne chez M. le procureur général, et j'y resterai jusqu'aux approches de minuit. Passé minuit, chez moi. Voici les deux adresses... Bonne chance !

A peine Barnabin s'était-il retiré, que le gendarme reparut.

— Le Lynx est là.

— Qu'il entre.

Un homme aux formes athlétiques s'avança.

On devinait en lui, non seulement la force, mais encore l'agilité, l'adresse. Ses yeux brillaient d'un éclat singulier : de là son surnom, alors connu de tous. C'était le chasseur, le dompteur des plus redoutables bandits ; c'était le rival de Vidocq.

— As-tu vu l'enfant qui sort d'ici? demanda le juge d'instruction.

— Barnabin Humbert ? fit le Lynx.

— Oui. Suis-le, veille sur lui... Mais à moins d'un danger pressant, ne te montre pas. J'entends qu'il soit libre d'agir à son gré. Va !

XXVII

LE CHAMPION DE L'ABSENT

Max Sterner eut peine à reconnaître Jacques

Ce n'était plus le vieux bohémien, l'humble modèle. Il avait repris le costume qu'il portait lors de l'enterrement du comte d'Alvimare ; et mieux encore, cette martiale allure, cette dignité caractéristique qui typifiait alors les anciens officiers, les héros de la grande épopée impériale.

A sa boutonnière on voyait la rosette de la Légion d'Honneur; la balafre de son front attestait comment il l'avait gagnée.

A sa physionomie grave et résolue, on devinait qu'un événement décisif, solennel, allait s'accomplir dans sa vie.

— Jacques, dit avec émotion l'artiste, d'où vient que vous avez tant attendu pour vous montrer à moi sous votre véritable aspect? Je devine, je sens que vous étiez déguisé hier, et que vous ne l'êtes plus aujourd'hui. Que diable ! on prévient son monde. Peut-être vous ai-je manqué de respect, ou, tout au moins, d'égards. Si cela est arrivé, pardonnez-le-moi.

Le vieillard lui tendant la main, répondit :

— Vous êtes un homme de cœur, Max Sterner, et n'avez rien à vous reprocher envers votre vieux modèle. Il a suffi de ses cheveux blancs pour que vous le traitiez avec estime, j'oserai même dire avec amitié.

— Oui, Jacques, oui, car j'ai su deviner en vous une résignation, un malheur...

Il l'interrompit :

— Quant à cela, silence ! Ce qu'il faut surtout respecter en moi, c'est mon secret. Je fais appel à votre discrétion. Ne cherchez pas à savoir qui je suis. Je suis Jacques... ou, si vous le préférez, Bélisaire.

— Y songez-vous, mon ami ?

— Pourquoi non ? Votre tableau n'est pas achevé. Je viens poser comme d'habitude. Cette fois seulement, vous ne paierez pas ; voilà tout. J'ai moi-même quelque chose à vous demander, service pour service.

— Expliquez-vous.

— Je vais le faire. Mais d'abord, par-dessus ma capote, affublez-moi du manteau byzantin. Ah ! je l'exige...

— En vérité, je n'ose me permettre...

— Est-ce mon ruban rouge qui vous intimide ?... Au fait, vous avez raison, il est des insignes qu'on ne doit jamais compromettre. Attendez.

Jacques ôta sa rosette.

— Il y a seize ans que je la cache, dit-il. Non pas que j'en sois devenu indigne, au contraire ! Mais ces dames peuvent arriver. Dépêchons.

Max le fit asseoir à la place habituelle et drapa sur ses épaules la chlamyde de Bélisaire.

— Bien ! fit le vieillard ; mais avancez un peu plus cette grande toile, je vous prie, afin qu'elle me masque à moitié, comme l'autre jour. C'est cela. Travaillez à votre tableau. Quand ce sera le tour du portrait, vous me laisserez à cette place et vous m'y oublierez. C'est tout ce que je vous demande.

— Cependant...

— Pas de question. Quoi que je dise ou que je fasse, ne vous étonnez de rien, Je suis incapable d'abuser de votre hospitalité. Ce qui m'amène est juste, honorable. Ayez confiance.

— Soit ! fit l'artiste ; carte blanche.

Et reprenant sa palette, il travailla en silence.

Puis il y eut un bruit dans l'antichambre et le domestique annonça la princesse Lubanoff.

Jacques recula davantage encore son siège et disparut, plongé dans l'ombre.

La princesse et sa fille n'arrivaient pas seules, Pépita les accompagnait.

Chez elle aussi, une métamorphose complète s'était opérée.

Ce n'était plus la petite Transtévérine au jupon rouge, au tablier vert, à la coiffe blanche. Quelques jours avaient suffi à Valentine pour en faire une demoiselle, une Parisienne.

Sous sa nouvelle toilette, simple et de bon goût, Pépita n'avait rien d'emprunté. A peine un reste de pétulance, aussitôt contenue, se remarquait-il dans ses mouvements, et, dans ses grands yeux noirs, encore un peu d'étonnement sauvage. Jamais elle n'avait été plus charmante.

Aussi, dès sa première visite, Max Sterner avait-il

demandé qu'elle eût place dans le portrait, assise aux pieds de Valentine.

Pépita, la tête tournée vers sa jeune bienfaitrice, la regardait d'en bas. Dans son regard on lisait une profonde reconnaissance, l'impatience du dévouement. Valentine, un doigt sur ses lèvres souriantes, semblait lui dire de rester là dans la même attitude.

C'était là le plus difficile.

L'artiste le savait bien ; il commença par elle, et, dès que ce fut le tour des autres figures, il lui rendit sa liberté,

— *Andate, signorina* ! dit-il en désignant les tableaux épars sur les chevalets et la muraille, vous pouvez regarder les images.

Elle ne se le fit pas répéter deux fois.

Dès les premiers pas, elle aperçut, elle reconnut Jacques.

Un léger cri lui échappa.

Jacques mit un doigt sur sa bouche.

— Qu'y a-t-il ? demanda négligemment la princesse sans même détourner la tête.

Mais Valentine avait avancé la sienne.

Elle revit ce mystérieux vieillard, aux yeux pleins de tendresse, qui, depuis quelque temps, intriguait son cœur, occupait sa pensée.

Cependant Pépita s'était rapprochée de Jacques.

Il murmura, de façon à n'être entendu que d'elle seule :

— Noël va bien... il pense à toi... il t'aime...

La bohémienne eut besoin de se retenir à deux mains pour ne pas tomber de joie.

— Mais que se passe-t-il donc? répéta la princesse.

— Rien, fit Pépita en se jetant au-devant de Jacques, qui déjà ne regardait plus que Valentine.

En ce moment, d'ailleurs, la porte de l'atelier s'ouvrit, donnant passage au vicomte Gontran, au chevalier Capriola.

La princesse daigna quitter sa pose nonchalante et tendit la main à l'Italien.

Evidemment, il exerçait sur elle une certaine influence ; mais ce n'était pas de la passion, ce n'était pas de l'amour qu'elle ressentait à son approche. Cet homme merveilleusement beau, ce séducteur de profession, ce Tartufe de galanterie, passait pour irrésistible. Elle lui résistait et s'en faisait gloire. Dangereuse coquetterie de grande dame, pas autre chose. Son palladium, c'était sa fille. Il l'avait compris, et, pour désarmer la mère, il s'était mis en tête le mariage de Valentine avec Gontran.

Comment la princesse eût-elle soupçonné le piège? Le vicomte d'Alvimare avait un beau nom qu'il portait bien. Une grande fortune lui semblait assurée. Il était jeune encore et de ceux qui plaisent. Valentine, d'ailleurs, n'était pas la fille du prince Lubanoff, mais la fille du colonel Bernard. C'était un mariage parfaitement convenable.

Peut-être, sans qu'elle s'en rendît compte, la princesse désirait sa liberté.

Valentine n'avait pas eu le courage d'un refus: elle adorait sa mère qui ne pouvait vouloir que son bonheur. Ces malentendus se renouvellent plus fréquemment qu'on ne pense dans un monde où les sentiments naturels ne sont pas assez consultés, où la position prime le cœur.

Cependant, plus le moment approchait, plus Valentine se sentait épouvantée. Cette fois encore, à l'aspect du vicomte, elle frissonna ; elle eut un mouvement pour s'éloigner, pour fuir.

Pépita, la sauvage enfant, qui ne connaissait rien aux lois de la civilisation, qui n'obéissait qu'aux généreux instincts de la nature, vint se placer entre Gontran et Valentine, comme pour la protéger, toute prête à la défendre.

— Princesse, dit Capriola, le vicomte a voulu vous témoigner immédiatement sa reconnaissance au sujet du contrat que nous signons ce soir. En attendant le mariage, que retarde un fatal événement, ce seront du moins les fiançailles.

Quelques mots bien dits furent ajoutés par Gontran.

—Ne vous conteste-t-on pas votre héritage? répondit la princesse. Un retard était indigne de nous.

— Oh! fit le chevalier, cette contestation tombera d'elle-même. Le légataire désigné dans ce prétendu testament, c'est l'assassin du comte.

— Quoi! Jean-Baptiste...

— Oui, princesse, ce misérable que vous aviez trop facilement accueilli. Tout prouve que, par ce crime, il a voulu s'assurer une fortune...

Capriola s'interrompit à l'aspect de Valentine qui, frémissante et pâle, s'était redressée tout à coup, et, par son geste, par son regard, protestait contre la calomnie.

Mais ce ne fut pas elle qui parla, ce fut Jacques.

Il avait rejeté sa chlamyde, il s'avançait, il répondit :

— Ceux qui accusent Jean-Baptiste en ont menti! Je connais le meurtrier, je l'ai vu fuir.

— Moi, je l'ai vu frapper! s'écria Pépita.

Jacques, superbe de calme et de dignité, poursuivit:

— Quant au testament, loin de s'en prévaloir, Jean-Baptiste l'a déchiré. Il restitue l'héritage à qui de droit. Non pas au neveu, mais au comte d'Alvimare. Jean-Baptiste est un héros de désintéressement et d'honneur... monsieur le vicomte ne me démentira pas, je l'en défie !

En dépit de son audace, Gontran, stupéfait, restait atterré.

Une émotion, bien autrement étrange, s'était emparée de la princesse Lubanoff.

Dès les premiers mots de Jacques, elle n'avait pu retenir un cri, elle s'était rejetée en arrière ; et maintenant, la bouche béante, les yeux démesurément ouverts, le visage blême de terreur, elle le regardait, elle reculait devant lui comme à l'aspect d'un fantôme sortant du tombeau.

Jacques, non moins ému peut-être, s'approcha d'elle, il lui dit à voix basse :

— Il faut que je parle à madame la princesse aujourd'hui même, avant la signature du contrat... il le faut... je le veux !

— Soit, balbutia-t-elle. Ce soir... huit heures... chez moi... j'attendrai.

Et, tout éperdue, s'appuyant sur Valentine et sur Pépita qui s'étaient empressées de la secourir, elle disparut.

Quant à Jacques, s'adressant tour à tour aux trois hommes qui restaient avec lui dans l'atelier :

— Max Sterner, dit-il, excusez-moi... Monsieur le chevalier Capriola, je ne vous conseille pas de retourner à l'hôtel Lubanoff !... Vicomte, vous qui accusez les autres, prenez garde qu'à leur tour ils ne vous accusent !

— Qu'osez-vous prétendre? s'écria Gontran, qui s'emportait enfin. Que savez-vous ?...

— Je sais, interrompit Jacques, je sais que vous avez dénoncé un vieillard qui était l'ami de votre oncle, et c'est infâme! Je sais qu'hier soir, dans la nuit, comme un larron, vous espionniez un fils qui veillait auprès de sa mère mourante, et c'est lâche!..

— Misérable! s'écria le vicomte en le menaçant de la main.

Jacques saisit cette main, puis l'autre, qui cherchait à dégager la première, et les étreignant toutes deux comme entre deux étaux de fer :

— Mais vous ne voyez donc pas, dit-il, que je suis un ancien soldat! Nous nous retrouverons, soyez-en sûr, et, s'il le faut, je vous tuerai!... Mais j'espère bien que Dieu m'en dispensera. A ce soir.

Et, saluant de la main Max Sterner, il sortit.

XXVIII

HEURES D'ANGOISSE

Dans la voiture qui la ramenait vers l'hôtel Lubanoff, la princesse était restée immobile, silencieuse. On eût dit que, sortant d'un lourd sommeil, son esprit flottait encore entre le songe et la réalité.

A plusieurs reprises, Valentine prit la main de sa mère et la serra dans les siennes. A peine la princesse lui répondit-elle par un vague sourire. Sa pensée n'était pas là.

Le bruit de la porte de l'hôtel qui s'ouvrait devant la calèche parut enfin la réveiller. Elle regarda autour d'elle avec une certaine appréhension. Puis rassurée par cet examen, elle se hâta de descendre sous le péristyle ; elle marcha rapidement vers l'escalier.

— Ma mère, dit Valentine qui, très inquiète, se précipitait sur ses pas ; mais qu'avez-vous donc ma mère ?

— Rien ! je n'ai rien, répondit-elle avec une fiévreuse étreinte. Laissez-moi, mon enfant, je désire être seule.

Et elle disparut.

Un instant plus tard, renfermée dans son boudoir, elle se laissait tomber sur un fauteuil, et là, morne, abattue.

— Non ! répéta-t-elle d'une voix sourde ; non, les morts ne reviennent pas... C'est impossible... impossible !

. . . .

Valentine, de plus en plus étonnée, se sentait le cœur tout plein de trouble et d'angoisses. D'ailleurs, l'instant fatal qui allait décider de sa vie approchait. Elle aussi désirait le recueillement, la solitude. Mais le prince avait entendu rentrer la voiture ; il fit demander sa fille.

Déjà le jour baissait. Il faisait presque nuit dans la vaste pièce aux tentures sombres. On n'y distinguait en entrant que les cheveux blancs du vieillard et ses grands yeux fixes, dans lesquels une flamme brilla tout à coup.

— Ah ! te voilà, mon enfant, s'écria-t-il. Ivanowitch, de la lumière, Vite, que je voie ma fille.

Et, dans l'ombre encore, il l'embrassait avec des exclamations de joie ; mais sitôt que la lampe fut apportée.

— Comme tu es pâle ! dit-il en regardant Valentine tu parais triste. Pourquoi?... Nous signons ce soir le contrat. Il ne te plaît donc pas, ce mariage ?

— Ma mère le désire... répondit Valentine.

— Mais toi... toi ?

Elle s'efforça de sourire et cacha son visage sur l'épaule du vieillard.

— Ah ! je comprends, murmura-t-il, tu ne veux

pas me montrer ton bonheur, craignant qu'il ne m'afflige. Moi seul, j'ai le droit d'être triste aujourd'hui; je vais te perdre !

— Mon père !

— Ne parlons pas de cela. J'ai eu tort; pardon... Où est ta mère ?

— Chez elle... je la crois souffrante.

Le prince appela Ivanowitch et lui donna l'ordre d'aller prendre des nouvelles de la princesse.

Elle fit répondre que son malaise n'était pas encore dissipé, qu'elle priait qu'on dînât sans elle.

— Eh bien ! fit le vieillard, nous dînerons ici, mon enfant, en tête-à-tête. Ivanowitch nous servira. Je ne veux rien perdre des derniers jours qui te restent à passer auprès de moi.

Le couvert fut promptement dressé ; mais en dépit des efforts des deux convives, la gaîté ne vint pas s'asseoir entre eux. Ni l'un ni l'autre n'osait plus parler du mariage.

— Allons, dit enfin le prince, il est temps de songer à notre toilette. Va, mon enfant. A bientôt.

. . . .

Pépita attendait Valentine.

Il avait été convenu, lors de l'adoption, que celle-ci prendrait le titre de marraine.

— Marraine, dit Pépita, vous ne m'en voulez pas de ce que j'ai fait.

— Qu'as-tu fait.

— J'ai congédié la femme de chambre.

— Pourquoi ?

— Parce que, dans nos montagnes, lorsque la fille du seigneur se marie, c'est toujours une fillette du domaine, la plus humble, la plus dévouée qui l'habille. On assure que cela porte bonheur.

— Soit ! consentit Valentine.

Pépita, toute glorieuse, se mit aussitôt à l'œuvre, et, par son babil, tâcha de faire sourire celle qu'elle parait.

Valentine restait distraite et songeuse.

Pépita se mit à chanter des airs du pays, mais sans plus de succès.

On ne l'entendait même pas ; sa chanson se ralentit, s'arrêta.

— Quel peut-être cet homme? murmura Valentine.

— Quel homme, marraine ?

— Ce vieillard que je retrouve partout et qui pleure en me regardant.

— Monsieur Jacques ?...

— Ah ! il s'appelle Jacques ? Tu le connais ?

— C'est lui qui a dit à Jean-Baptiste de me donner à vous.

— Jean-Baptiste ! murmura Valentine avec une certaine émotion.

— Comme Jacques l'a bravement défendu ! fit Pépita. Il avait raison. Jean-Baptiste n'a rien voulu garder de ce qui appartient à Noël. C'est le plus noble cœur qui soit jamais sorti des mains du bon Dieu. Je le défendrai aussi, moi. Je l'aime !

Valentine attira vers elle sa filleule et l'embrassa.

Puis, comme la pendule sonnait la demie de sept heures :

— Le prince m'attend, dit-elle. Hâtons-nous.

Quand sa toilette fut terminée, quand Valentine se regarda dans la glace, elle recula, effrayée elle-même de sa pâleur.

— Marraine, fit Pépita, vous souffrez ?

— Non, ma chère enfant, non.

Mais des larmes, trop longtemps contenues, jaillirent enfin de ses yeux.

Pépita se jeta à ses pieds, saisit ses mains et, les couvrant de baisers :

— Marraine, marraine, on dit chez nous : fiancée qui pleure sera morte dans l'année. Vous ne l'aimez pas ce Gontran. Non ! vous ne l'aimez pas ; ayez le courage de le dire !

— Tais-toi, Pépita, tais-toi !

Et Valentine, après avoir fait disparaître les traces de ses larmes, s'éloigna.

Les corridors étaient déserts. Jamais pareil silence n'avait envahi l'hôtel Lubanoff. On y sentait ce calme lourd qui précède l'orage. Les murailles elles-mêmes avaient comme le pressentiment d'un malheur.

L'ancien hetman des Cosaques avait revêtu son grand uniforme, sous lequel sa haute taille semblait encore plus élevée ; il était vraiment superbe ainsi.

Quand sa fille adoptive s'avança vers lui, résignée, souriante, mais blanche et froide comme une statue de marbre, une soudaine clairvoyance avertit le cœur du vieillard. Il s'écria :

— Ma fille ! mon enfant ! je veux bien me sacrifier, moi... mais si ce mariage t'inspire la moindre répugnance, halte-là !

— Mon père, je vous jure...

— C'est devant ta mère que nous nous expliquerons ; elle doit être là, dans son boudoir. Viens... je veux, viens.

Soutenu par Valentine, il se mit en marche.

Un long couloir faisait communiquer le cabinet du prince avec le boudoir de la princesse.

Le parquet de ce corridor était tapissé d'une épaisse moquette, amortissant le bruit des pas.

A chaque extrémité, d'amples portières croisaient leurs plis lourds. Dans l'interstice de celles qui fermaient le boudoir, à peine apercevait-on quelques legers filets de lumière.

Le vieillard ne se trompait pas. Sa femme était là.

L'habitude du monde donnait à la princesse le pouvoir de maîtriser son émotion. De par les artifices de la toilette, rien ne paraissait sur son visage, pas même les années. Elle était vêtue d'une robe de velours noir. Sur ses magnifiques épaules, dans ses cheveux, des diamants brillaient. Jamais elle n'avait été plus royalement belle.

Elle venait de donner cet ordre au laquais posté dans l'antichambre :

— Un homme va venir. Aspect militaire, officier de la Légion d'honneur, une cicatrice au front. Pour tout autre, je ne suis pas encore visible. Vous lui demanderez son nom. Vous l'annoncerez.

Puis elle s'était assise ; elle attendait.

Au moment où le prince allait écarter les tentures, il tressaillit tout à coup, il s'arrêta, imposant le silence à Valentine.

Par l'autre porte qui venait de s'ouvrir, le laquais avait annoncé ce nom :

— Le colonel Jacques Bernard.

Jacques entra.

La princesse s'était redressée ; elle le regardait avec stupeur.

Calme et digne, il s'avança, salua.

— C'est lui ! fit-elle enfin d'une voix étouffée, c'est bien lui !

— Madame, répliqua-t-il, ce que nous avons à nous dire ne doit être entendu que de nous seuls ; je vous serais obligé de défendre votre porte.

— C'est fait... personne n'entrera, personne ne peut entendre.

— Asseyons-nous alors, madame, et causons.

Elle lui désignait un siège au coin de la cheminée.

De l'autre côté, sur un sofa, elle se laissa retomber, les yeux toujours fixés sur lui.

Une table les séparait. Sur cette table, il y avait une lampe qui, l'un pour l'autre, les mettait en pleine lumière.

Sous l'apparente froideur de Jacques, on sentait une émotion héroïquement comprimée, une poignante douleur.

Après un silence durant lequel, les yeux à demi-voilés, un sourire amer aux lèvres, il avait contemplé la princesse, le colonel Jacques Bernard commença ainsi :

— Remettez-vous, je ne suis point un fantôme. Vous n'avez rien à craindre de moi. Quelques mots d'explications vous feront tout comprendre.

Elle l'autorisa du geste à parler.

Pour se recueillir, il pencha son front dans sa main. Puis, écartant cette main, montrant du doigt sa balafre :

— Ceci, dit-il, est un coup de sabre qui me fendit la tête, au passage de l'Elster, quelques moments après la mort de Poniatowski. J'avais voulu le venger. On me crut mort, et comme la retraite continuait en toute hâte, on m'abandonna dans la neige. Des cosaques survinrent et me dépouillèrent. Je tressaillis de froid : donc je vivais, pour mon malheur !... Oui... madame... oui! Un prisonnier valait quelques copecks; on me transporta dans une ambulance, et de là, en Sibérie. Pendant deux années, au fond des mines, je travaillai sous la menace du knout en pleurant de rage. Ce n'était pas seulement la liberté, la patrie, la lumière du jour que je pleurais, c'était vous, madame, vous que j'aimais avec passion, comme un insensé !... Oh ! si je fusse revenu le lendemain de votre mariage avec le prince, je vous aurais tués tous les deux !... Rassurez-vous. Dix-sept ans ont passé sur toutes ces tortures. Ce n'est plus l'époux qui revient, c'est le père...

Dans ce dernier mot, succédant à un cri de colère, le colonel Bernard avait mis une indicible tendresse.

— Oui, le père, poursuivit-il. Avant de partir, j'avais embrassé ma fille qui venait de naître. J'avais emporté son premier sourire. Ce sourire jusque dans les entrailles de la terre, il me tint lieu de soleil. Je revoyais le berceau, je revoyais l'enfant, et prêt à succomber au désespoir, à la misère, je me redressais en me disant : « Elle aura peut-être besoin de toi, tu n'as pas le droit de mourir ! » Voilà pourquoi j'ai vécu, madame ; voilà ce qui m'a donné assez de génie pour concevoir, pour réaliser une évasion impossible. J'échappai donc à mon enfer, mais ce n'était pas tout. Il fallait traverser la Russie, l'Allemagne, à travers mille dangers, sans ressources, en haillons. J'ai souffert la faim, j'ai mendié. Oui, moi ! le colonel Bernard... Mais que m'importaient les humiliations, les obstacles, les souffrances ! Je reprenais courage à cette pensée, à cet espoir : « Ma fille est là-bas ! Ma femme m'attend ; elle se souvient. » Imbécile !

Rien d'amer, rien de sanglant comme ce sarcasme dont le vieux soldat venait de se flageller lui-même. Cependant, il atteignit au cœur celle qui l'écoutait. Elle baissa les yeux, elle courba la tête en murmurant :

— Oh ! Jacques, pardon, pardon !

Il se calma tout à coup ; il reprit avec douceur :

— Il y a longtemps que je vous ai pardonnée, madame ; et c'est involontairement que j'ai laissé échapper ce reproche. Permettez que j'achève. Un jour, enfin, j'arrivai chez moi... chez nous, l'âme ouverte à toutes les joies du retour. On m'apprit que la veuve du colonel Bernard s'appelait maintenant la princesse Lubanoff. Ah ! je croyais m'y connaître en fait de blessures. J'avais eu le crâne fendu ; cette fois, c'était le cœur ! Je tombai, croyant mourir ; mais j'ai la vie dure, à ce qu'il paraît. Je me remis en chemin, je me traînai jusqu'à cet hôtel. Le mur du jardin se trouvait alors en réparation. Il faisait nuit, une sombre nuit d'hiver. J'entrai par la brèche. Une fenêtre éclairée m'attira : celle de ce boudoir. Oui, madame, il y a quinze ans, j'étais là, en dehors, invisible pour tous, et je regardais. A la clarté d'une lampe, sur de riches fourrures, jouait une enfant... ma fille ! J'allais m'élancer, mes mains, en se hissant au balcon, rencontrèrent de la neige. Je n'avais pas d'autre tapis à lui offrir que celui-là, moi ! Elle s'approcha du feu qui l'égayait en la réchauffant. J'étais transi de froid. Autour de mon enfant, toutes les recherches du luxe. Que lui offrirais-je en échange ? La misère !... C'était le temps où les soldats de l'Empire étaient méconnus, persécutés. On ne me rendrait pas mon grade, on me contesterait peut-être jusqu'à mon nom. Il ne me restait pas une obole. Comme dans un rêve, la fièvre fit passer devant moi deux tableaux : ici, Valentine, fille du prince ; là, Valentine, fille du proscrit. La seule preuve d'amou, paternel qui fût en mon pouvoir, c'était de rentrer dans le tombeau, dans l'oubli. Je m'y résolus. Elle s'était approchée de la fenêtre ; elle appuya ses lèvres contre la vitre ; moi, de l'autre côté, j'approchai les miennes, et, comme elle avait jeté un cri d'effroi, comme sa gouvernante accourait, je m'enfuis.

Jacques semblait retrouver en lui-même toutes le émotions de cette scène ; et, comme repassant par cette même épreuve, il tremblait, il palpitait, il pleurait.

La princesse, non moins agitée, non moins émue, s'écria :

— Quoi ! Jacques, vous avez eu cette abnégation, ce dévoûment ?

— Oui, madame, et cela pendant quinze ans ! répliqua-t-il avec un noble orgueil. Pendant quinze ans j'étais là, dans la rue, partout, dans l'ombre. Je la regardais de loin, je veillais sur elle et cela me suffisait. Si je me montre aujourd'hui, c'est qu'elle a besoin de moi. Je me suis immolé à son bonheur, je veux au moins qu'elle soit heureuse !

A ces mots, qui contenaient une nouvelle accusation, la princesse releva la tête. Comme épouse, elle s'était tue ; comme mère, elle protestait.

— Prétendriez-vous, se récria-t-elle, que je n'aime pas ma fille ?

— Loin de moi cette pensée, dit-il, je rends justice à votre affection pour Valentine. Je sais aussi que le prince est bon pour elle, et qu'il l'aime comme son enfant. D'ailleurs, qui ne l'aimerait pas ? Mais depuis quelque temps une influence fatale vous aveugle, mais ce soir même vous alliez l'unir à un homme qu'elle n'aime pas et qui est indigne d'elle.

— Que dites-vous, Jacques ? Etes-vous certain de cela ! Prouvez-le-moi et je vous bénirai comme un sauveur,

— Bien, dit-il, je commence à croire que nous nous entendrons.

Puis, après un silence, et comme impatiente, elle l'interrogeait des yeux.

— Qui vous a présenté Gontran d'Alvimare ?

— Mais... le chevalier Capriola.

— Laissez-moi vous dire que c'est un misérable. Et vous le pressentez déjà, car à ce nom vous avez rougi.

— Monsieur...

— Je vous sais une honnête femme et je vous crois une bonne mère ; mais il est des fascinations magnétiques, même pour les âmes les plus pures. Un mot suffit pour les réveiller. Vous connaissez Fabre-Bey, n'est-ce pas? Voici quelques renseignements qu'il a bien voulu m'écrire. Un tel homme ne ment pas, ne se trompe pas. Lisez, madame, et réveillez-vous.

La princesse prit la lettre d'une main tremblante, et, dès les premières lignes, demeura atterrée.

— Ai-je eu tort de venir? conclut Jacques. Rompez ce mariage, congédiez ces deux hommes et je disparais à l'instant ; je rentre dans ma nuit. Jamais Valentine ne saura que son père a passé si près d'elle sans même demander à l'embrasser. Jamais le prince Lubanoff ne soupçonnera que le colonel Bernard existe encore.

Tout à coup, à l'autre côté du boudoir, les tentures s'écartèrent et Valentine parut conduite par le prince qui répondit :

— Vous vous trompez, colonel Bernard, j'ai tout entendu. Valentine, embrassez votre père !

Et lui-même il la poussait, il la jeta dans les bras de Jacques.

Jacques, saisi, palpitant, éperdu, Jacques avait eu

un premier mouvement pour refuser tant de bonheur; mais au contact de son enfant, sous ses baisers, il n'écouta plus que l'amour paternel; il l'étreignit avec des sanglots.

Cependant, le prince continuait son chemin. Pour la première fois depuis des années, il marchait seul, Il marchait droit, plus fier et plus grand que jamais.

Il ouvrit l'autre porte, traversa l'antichambre, entra dans le salon.

Là, se trouvaient Gontran et le chevalier Capriola, les notaires, quelques invités.

S'excusant vis-à-vis de ceux-ci :

— La princesse est souffrante, dit-il, nous ne recevrons pas ce soir.

Puis, comme l'assistance se retirait déjà, comme Gontran et Capriola s'avançaient vers lui, sollicitant une information plus précise, il leur désigna la porte, et sans un mot, rien que par l'attitude et le regard, il les contraignit à sortir.

Pendant ce temps-là, dans le boudoir, Jacques remettait, entre les bras de la princesse, Valentine à demi évanouie.

— Mon enfant, reste auprès de ton père adoptif. Il t'a élevée, aimée; il mourrait sans toi; moi, je suis fort et je sais souffrir.

Le vieil hetmann rentrait en ce moment.

— Prince, dit Jacques, je vous remercie de l'instant de joie que vous m'avez donné. Nous sommes quittes. Adieu.

Et, plus fier encore que le dernier des Lubanoff, il s'éloigna.

XXIX

LE SECRET DU RÊVE

En arrivant au rendez-vous, chez la Picarde, Barnabin et Mariol n'y trouvèrent que Polydore.

— Qu'as-tu fait de ta tante? demanda Barnabin.

— Je viens de l'expédier aux Funambules avec un billet de faveur. Fâ! fâ! nous sommes dans le sentier de la guerre. Arrière les Squaws!

— Mais, qui nous conduira? demanda Stanislas.

— Moi, le grand Serpent! repartit repartit Polydore. J'ai déjà poussé une reconnaissance dans le wigwam du vieux chat-tigre. Vous emboîterez le pas derrière mes mocassins. Je suis un grand chef. Mais laissons la langue huronne et laissez-moi vous prouver en bon français, que je n'ai pas perdu mon temps.

— Explique-toi, Polydore.

— D'abord, et d'une, j'ai fait parler ma tante : ce qui, par parenthèse, n'est pas difficile. Elle n'a fait qu'entrevoir l'homme qui est caché dans la villa Jacobus ; mais grâce à cette subtilité de regard qui distingue notre famille, elle croit pouvoir attester que c'est un cyclope.

— Martin le Borgne! s'écrièrent Mariol et Barnabin.

— C'est vous qui l'avez nommé, reprit la basse-taille. Lorsque Jacobus s'en va dans le monde, son hôte disparaît et s'abîme dans le parquet. Une trappe, messieurs ; la trappe de Robin des Bois ou de Robert le Diable! Ceci rentrait dans ma spécialité. J'ai visité le truc extérieurement. Oui, ce soir même, à mon retour, avant de livrer le passe-port pour les vingt-six infortunes de Pierrot, je me suis fait conjurer par madame veuve Picard dans le repaire mystérieux. C'est fort délabré. Sur le parquet, rien d'apparent... pour le commun des mortels. Moi, j'ai pu constater la rainure où ça glisse, et, grâce à mes connaissances archéologico-scéniques, j'émets l'opinion que c'est un de ces mécanismes perpendiculaires par lesquels, au temps des petites maisons à parties fines, les tables montaient toutes servies de la cuisine à la salle à manger. *Ergo*, le ressort est au bas. Il nous faudra donc attendre en haut, guetter et peut-être combattre. Voici des armes!

Polydore montrait une colichemarde, une pertuisane et deux grands pistolets d'arçon, datant pour le moins du seizième siècle.

— Cet arsenal provient de mon théâtre, expliqua-t-il. Magasin des accessoires. Voyez encore cette lanterne sourde. Depuis des années, elle éclaire les traîtres de la banlieue.

Enfin, le machiniste étant un de mes amis, je lui ai emprunté ces cordes ornées de nœuds coulants : elles ont ficelé bien des captifs, entre autres Buridan le capitaine. Admirez surtout ce lazzo à deux mains! J'ai mon plan que je vous communiquerai là-bas. Marchons! marchons! fâ, â, â, â!

Quelques minutes plus tard, nos trois aventuriers s'engageaient en silence dans le bois de Romainville.

Ils atteignirent, ils longèrent le mur de la villa.

La brèche fut franchie, le jardin traversé.

C'était par une nuit noire. De plus, un épais brouillard voilait les objets les plus rapprochés. Rien ne bougeait; pas une lumière, aucun bruit.

Cependant Polydore s'avançait sans hésitation. Il retrouva le balcon, la vitre de papier, l'espagnolette.

Ses deux compagnons arrivèrent à sa suite dans le laboratoire.

Là, le silence était encore plus complet, l'obscurité plus opaque.

Fâfâ tira de sa poche un de ces briquets en forme d'étui dont on se servait alors.

Dans le compartiment supérieur, des allumettes soufrées; plus bas, une petite bouteille remplie de phosphore. Cela ressemblait à l'écritoire des huissiers de comédie. C'était rouge. Sur l'étiquette, un nom maintenant oublié : Fumade.

Système compliqué, mais silencieux. La lanterne fut allumée; elle se referma comme elle s'était ouverte, sans aucun bruit : sourde et muette cette lanterne.

— Avançons, dit Polydore en écartant la serpillière qui masquait l'entrée de la grande salle. Voyez comme c'est caduc et décrépit : les murs ont un érésipèle et les glaces sont marquées de la petite vérole. Quant aux meubles, toutes sortes d'amputations, des invalides; un seul est bien conservé, ce grand bureau; il possède tous ses tiroirs.

Ces derniers mots venaient de frapper Barnabin. Il s'arrêta tout à coup, la bouche ouverte, l'œil brillant, la main à son front, comme retrouvant un souvenir.

— Attends, s'écria-t-il. Je me rappelle... Ma mère dans son délire, a parlé d'un bureau, d'un tiroir... Éclaire donc, Polydore.

— Volontiers, répliqua celui-ci ; mais que nos voix, comme nos pas, soient en sourdine. Effleurons à peine le parquet, il y a quelqu'un là-dessous.

Déjà Barnabin furetait parmi les paperasses.

— Quand j'ai retrouvé Mme Humbert dans la carrière, murmura Mariol, assurément elle sortait d'ici. Ces mots :

— Bureau... tiroirs...

— Moi aussi, je les ai entendus. Chaque fois que le cauchemar la reprend, elle les répète. C'est comme une idée fixe. Elle s'anime alors : on dirait qu'elle revoit le bureau, qu'elle veut prendre quelque chose dans le tiroir. Parfois, même, elle a parlé d'une lettre, d'une preuve, d'un double fond, d'un ressort secret. Cherche, Barnabin, cherche !

Tout à coup, en dérangeant des journaux, des livres, Barnabin aperçut quelque chose de noir :

— Eclaire donc, Polydore, murmura-t-il ; c'est un gant, un gant de femme... je le reconnais. Plus de doute ma mère est venue ici ! C'est bien le bureau, mais le ressort, le ressort.

Et ses mains enfiévrées plongeaient dans les tiroirs, explorant, palpant, sondant les moindres recoins.

— Va, répétait Mariol, non moins ému, va toujours !

Polydore ne disait rien, mais on entendait son souffle haletant sur les cordes graves. Il approchait la lanterne qui tremblait dans sa main. Les trois têtes se touchaient, éclairées d'en bas par cette vague lueur. Au milieu des ténèbres, au milieu du silence, c'était un groupe vraiment fantastique.

Cependant on ne trouvait rien, rien.

— Laisse-moi faire, dit enfin Mariol. J'ai été apprenti ébéniste ; ça me connaît. Du calme !

Il s'agenouilla devant le meuble, étudiant tour à tour les épaisseurs du bois. Puis éclairé par un indice, il ouvrit entièrement un tiroir, scruta de l'œil ses profondeurs, et, dans l'angle, appuya du doigt.

La détente du ressort se fit entendre, et presque aussitôt la main de Mariol, après avoir disparu dans le double fond, reparut avec la lettre.

Polydore approcha vivement sa lanterne.

Sur l'enveloppe, Barnabin lut cette adresse :

A monsieur...

Monsieur le procureur du roi...

. . . .

— Vivat ! s'écria Barnabin ; ma mère ne rêvait pas, elle se souvenait, elle voyait... C'est la preuve !

Et, ne se souvenant plus de son chagrin, oublieux de toute prudence, redevenu le fougueux gamin de la veille, il se prit à gesticuler, à gambader, à chanter :

— Ra, ra, rataplan... pataplan... zing, zing, boum, boum.

Mais ses deux compagnons l'interrompirent vivement.

— Chut ! donc, malheureux ! Écoute !

Barnabin s'arrêta, immobile, stupéfait, la bouche béante. En dessous, contre le parquet, on avait frappé.

XXX

BATAILLE

— Que faire? demanda tout bas Barnabin.

— D'abord, et d'une, nous armer, répondit Polydore sur le même ton.

Il prit la rapière et donna la hallebarde à Mariol; Barnabin s'était adjugé les pistolets.

On frappa de nouveau contre le parquet.

— Chut! fit Polydore, ce toc-toc est une façon de demander : Puis-je sortir? Répondons de même, il sortira. Mais, d'abord, préparons le lazzo.

Il avait passé la colichemarde dans la boutonnière de sa redingote; il déroula la corde au beau milieu de laquelle s'épanouissait le nœud coulant.

Puis s'expliquant enfin :

— Mariol, dit-il, prends ce bout, moi je tiendrai l'autre. Toi, Rataplan, entre nous deux, la main prête à passer le collier. Voici la trappe, elle s'ouvre, il sort, et crac! le licou tombe. Avez-vous compris?

Du geste, ils répondirent affirmativement.

Pour la troisième fois, mais plus vivement, plus fort, on frappa.

— Il s'impatiente, conclut Polydore. Chacun à son poste, voici le moment!

Toutes ses indications avaient été suivies. La lueur de la lanterne devait attirer vers elle le premier regard de celui qu'on voulait prendre. Des trois autres côtés, nos trois chasseurs attendaient.

De la même façon, à la même place où l'on venait de frapper en dessous, Barnabin frappa en dessus.

On eût entendu trotter une souris.

Puis, tandis qu'un mécanisme rouillé grinçait dans le sous-sol, un châssis de parquet glissa, bascula, découvrant un vide par lequel une tête aussitôt surgit.

Simultanément, cette apostrophe faisait explosion.

— Mille tonnerres! crois-tu donc que je m'amuse là-dedans, Jacobus, et que...

Il n'acheva pas, étranglé qu'il fut par le nœud coulant.

Barnabin venait de le lui passer au cou, Mariol tirait de son côté, du sien Polydore.

— Fâ, fâ, dit-il.

— Hisse! commandèrent les deux autres.

Et le prisonnier fut tiré de son trou.

C'était bien Martin le Borgne.

— Les autres cordes, vivement, dit Polydore. Garrottons-le, bâillonnons-le! Serrez, serrez plus fort! Mais pas autour du cou; il nous le faut vivant.

Martin le Borgne avait voulu regimber, se débattre.

Impossible, il étouffait. Ses bras, ses jambes se couvraient d'entraves. Il comprit que la lutte était inutile, il fit le mort.

Mais ce n'était pas de la résignation, loin de là. Ses cheveux se hérissaient, sa face écarlate grimaçait. Il y avait de l'écume sur ses lèvres, et, dans son œil, injecté de sang, des éclairs.

Polydore et Mariol le portèrent ou plutôt le roulèrent jusque dans le laboratoire.

Pendant ce temps, Barnabin examinait le truc.

Quand ses deux compagons furent de retour, il leur dit :

— Vous avez entendu ce misérable ; il attendait Jacobus. Donc, Jacobus va venir, et s'il entend frapper sous la trappe, il se penchera dessus pour répondre. Dans cette attitude, il sera plus facile de s'en emparer. Je vais remplacer là-dedans Martin le Borgne.

Il mit ses coudes, puis ses mains sur les bords du trou ; il s'y laissa glisser, il s'allongea jusqu'à ce que ses pieds atteignissent le panneau mobile.

— Cherche la manivelle, dit Mariol en lui passant la lanterne.

— J'ai trouvé, fit tout aussitôt Barnabin.

En effet, la trappe se referma, se rouvrit.

— Parfait ! dit-il alors. Vous autres, cachez-vous derrière ce fauteuil. Du reste, il fait noir ; je garde la lanterne. Ecoutez.

Tous les trois ils prêtèrent l'oreille.

On n'entendait au dehors que le bruit des arbres agités par le vent.

— C'est singulier, murmura Barnabin, j'avais cru entendre comme un aboiement lointain.

— Alerte ! fit tout à coup Mariol qui s'en était allé du côté de la porte. La grille vient de s'ouvrir. On accourt. Alerte.

En un clin d'œil la trappe se referma sur Barnabin.

Mariol et Polydore disparurent. Tout redevint silence et ténèbres.

Déjà quelqu'un gravissait le perron d'un pas précipité.

La porte s'ouvrit.

Un homme parut, entra vivement.

Sa respiration était haletante, sa marche fiévreuse. Il alla droit à la trappe.

Tout aussitôt, on frappa en dessous.

— Quelle impatience! murmura l'inconnu. A-t-il donc deviné que nous sommes perdus! qu'il nous faut fuir à l'instant!

Il arrivait à la rainure; il frappa sur la trappe.

Mariol et Polydore s'élancèrent sur lui, tandis que Barnabin, surgissant du parquet, lui mettait la lanterne sous le nez.

— Monsieur Jacobus, s'il vous plaît? Ah! c'est bien lui. Victoire!

Barnabin avait parlé trop tôt. Deux coups de feu retentirent.

Polydore fut atteint, chancela. Au même moment Gontran, suivit de Martin le Borgne, qu'il venait de délivrer, entra par le laboratoire.

Déjà, il se précipitait sur Mariol, déjà Martin le Borgne, brandissant une barre de fer, allait atteindre Barnabin!

Mais d'un côté, une masse noire bondissant entre eux, se suspendit à la gorge de Jacobus. C'était Vendredi. L'homme et le chien tombèrent, râlant tous les deux.

D'un autre côté, le Lynx et ses formidables acolytes firent irruption.

Après une courte lutte, les misérables furent capturés.

La blessure de Polydore n'avait rien de grave.

— Fâ! fâ! dit-il.

Barnabin demanda l'heure qu'il était.

— Onze heures, répondit le Lynx.

Aussitôt Barnabin, montrant la lettre :

— Je demande à être conduit chez M. le procureur du roi, dit-il, allons vite.

XXXI

RÉHABILITATION

A quelques mois de là, les assassins du comte d'Alvimare paraissaient devant les assises de la Seine.

On avait reconnu en eux les trois derniers survivants de la bande de Schinderhannes :

Jacobus, Martin le Borgne, Karl Schmück.

Ce dernier, sous le nom volé de Gontran, vicomte d'Alvimare, avait joué dans le monde un certain rôle.

Aussi l'auditoire était-il nombreux, la curiosité ardente.

Malgré l'évidence des preuves, malgré la dénonciation écrite par Jacobus, Jacobus lui-même et ses deux coaccusés persistaient à nier leurs crimes.

Un dernier témoin fut appelé : Mme Humbert.

A ce nom, un long murmure se fit dans l'assistance, sur le banc des jurés, parmi les juges.

Sur tous les visages se lisait une vive sympathie, une émotion profonde.

On connaissait l'histoire de cette femme héroïque; on la voyait s'avancer, toujours vêtue de deuil, encore pâle de sa blessure, et s'appuyant sur ses deux fils.

Le président des assises, un vénérable vieillard, prit la parole en ces termes :

— Il y a seize ans, dans cette même enceinte, un homme, Pierre Humbert, se défendait contre une accusation d'incendie et de meurtre. Parmi les témoins, figuraient deux de ces misérables que voici maintenant, à leur tour, sur le banc des accusés. Je me rappelle leur acharnement contre Pierre Humbert. Peut-être eût-il succombé sans la présence et le dévoûment de sa femme, qui, toujours là, à ses côtés, l'encourageant, le soutenant dans toutes ses épreuves, avait protesté de son innocence. Il fut acquitté. La justice humaine s'arrête où commence le doute; mais ce doute même est une flétrissure qui, parfois, reste sur un nom. L'honneur est plus exigeant que la loi. Madame Humbert l'avait compris. Elle se leva, étendit le bras vers l'image du Christ, et nous dit avec l'accent de la conviction, de la foi :

« J'affirme que mon mari n'est pas coupable, et promets de le prouver un jour. Oui, je consacre ma vie à chercher, à découvrir les véritables assassins; je les amènerai sur ce banc d'infamie. C'est un engagement sacré que je prends ici devant les hommes et devant Dieu ! »

— Ces paroles émurent profondément tous ceux qui les entendirent. J'étais de ceux-là. Pierre Humbert disparut; des années se passèrent amenant l'oubli. Elle seule se souvenait; mais il lui fallut d'abord consoler, soigner son mari, mortellement atteint par tant de malheur. Ce ne fut qu'après lui avoir fermé les yeux que sa veuve put enfin se dévouer à la réhabilitation de sa mémoire. Depuis lors, depuis plus de dix ans, elle cherche, elle épie, elle marche à son but, et cela sans jamais avoir réclamé l'assistance de personne. Seule, elle voulait agir et triompher. Durant toute la lutte, elle s'est tue; elle n'a parlé qu'après avoir réussi, qu'après nous avoir livré ceux qu'elle poursuivait. En l'écoutant, on admirait, on pleurait. Que de courses vaines; que de nuits sans sommeil; que d'efforts; que de dangers! quelle persévérance! Rien ne la décourageait. Cent fois elle a bravé la mort. Elle a failli mourir... mais Dieu l'a préservée, l'a soutenue pour qu'elle témoignât de la vérité, pour qu'elle ne manquât pas à son serment, pour qu'elle prouvât combien, dans notre pays de France, on tient à l'honneur.

Et maintenant, messieurs, nous allons entendre Madeleine Humbert.

. . . .

L'interrogatoire commença.

La dame noire répondait simplement, modestement. Elle cherchait à s'effacer elle-même, à ne faire resplendir que la vérité. Mais à chaque instant c'était un nouveau détail dramatique, un mot parti du cœur, et qui faisait courir dans l'assemblée des frémissements d'admiration. Il y avait des larmes dans tous les yeux.

Quand elle eut terminé, ce furent des sanglots, des applaudissements.

Sans orgueil, avec une sérénité touchante, elle se tourna tour à tour vers les jurés, vers le tribunal, et conclut ainsi :

— N'est-ce pas, messieurs, n'est-ce pas que les fils de Pierre Humbert peuvent relever la tête?... N'est-ce pas que leur père était un honnête homme?

Jean-Baptiste et Barnabin, avec un élan du cœur, embrassèrent leur mère.

Après un silence, le président s'adressa aux accusés :

— Jacobus, Martin, Karl Schmuck, confessez vos crimes.

Ecrasés, anéantis, les deux premiers se turent.

Mais le troisième, Gontran, Karl Schmuck, se redressant tout à coup, s'écria :

— J'avoue... Nous sommes les assassins... Si j'ai mal vécu, du moins, je veux bien mourir!

Madeleine s'agenouilla devant l'image du Christ, et murmura :

— Mon Dieu ! vous que j'ai tant prié, soyez béni!... pardon pour eux !

XXXII

CONCLUSION

Quatre ans se sont écoulés.

Barnabin, qui vient de sortir de l'Ecole centrale, sert d'aide-de-camp à son frère aîné, qui dirige la grande Usine.

Mariol en est le contremaître.

Mme Humbert habite avec ses deux fils.

C'est le calme, c'est le bonheur.

Parfois cependant, Jean-Baptiste ne peut dissimuler une certaine tristesse.

Il n'a pas revu Valentine.

Valentine, Pépita, le prince et la princesse Lubanoff sont dans la Russie méridionale.

Georges d'Alvimare voyage en Allemagne avec Fabre-Bey. Tout dernièrement le colonel Jacques Bernard les a rejoints.

Un soir, sous les peupliers du canal, Mariol aborda Jean-Baptiste, et lui dit :

— Je désire causer avec vous ici-même, comme il y a quatre ans ; mais ce ne serait pas la même chanson... celle de l'ivrogne. Avec le travail, l'ordre et l'économie, ma tire-lire a plus d'une fois renversé son trop plein à la caisse d'épargne. J'ai de quoi acheter ma maison, mon jardin ; n'est-ce pas à notre bonne fée qu'il faut que je m'adresse ?

Jean-Baptiste avait tressailli. Il répliqua :

— Elle ne t'a pas oublié, Mariol. J'étais chargé de t'apprendre, le jour où tu viendrais me dire ce que tu me dis, que la maisonnette t'appartient. On te la donne : C'est ta récompense.

Le digne ouvrier eut d'abord un moment de reconnaissance et de joie, Puis, après un instant de réflexion :

— Avec mon argent, dit-il, je vais acheter le terrain limitrophe et faire bâtir un autre immeuble. Mariol propriétaire ! C'est Catherine qui sera contente ! Et nos enfants recevront de l'éducation, mes moyens me le permettent. Crédié ! si les camarades suivaient mon exemple, il n'y aurait plus de cabarets !

— Eh ! fit Jean-Baptiste, où serait le mal ?

. . . .

Quelques jours plus tard, le colonel Bernard était de retour avec Georges.

Georges d'Alvimare est maintenant un gentilhomme accompli, le digne fils de son père.

Il a couru vers Jean-Baptiste ; il lui prend les mains, il l'embrasse, il lui dit :

— Ah ! que je suis heureux de te revoir, mon ami, mon frère... mon associé.

A ce dernier mot, Jean-Baptiste va pour protester. Georges l'interrompit.

— Ne m'as-tu pas écrit que faire de l'industrie,

c'était non seulement fondre le métal ou tisser l'étoffe, mais encore améliorer le sort et l'intelligence des ouvriers, combattre la routine et la misère ?

— Assurément.

— Eh bien ! pour une aussi grande tâche, on n'est pas trop de deux. Nous serons deux.

J'ai songé à tout. Garde-toi bien de refuser. Tu me répondras demain.

. . . .

Le lendemain, une voiture s'arrêta devant la porte de la grande Usine.

Deux jeunes filles en descendirent, puis se retournèrent vivement pour aider et soutenir un grand vieillard qui leur souriait.

C'était le prince Dimitri Lubanoff, c'étaient Valentine et Pépita.

Tous trois portaient le deuil de la princesse, morte à Odessa, depuis dix mois.

Jamais Valentine n'avait été plus charmante.

Et Pépita !

La douce influence, les leçons de sa compagne ont atténué, discipliné la sauvage enfant, la bohémienne.

N'étaient ses grands yeux noirs et sa brune nature, on pourrait croire que la blanche et blonde Valentine est vraiment sa sœur.

Cependant le prince se fait conduire vers Jacques.

— Colonel, lui dit-il, je vous rends vos deux filles, et m'estimerai trop heureux que vous me laissiez une place auprès d'elles.

Déjà Georges d'Alvimare s'est avancé vers Pépita. Il la regarde avec amour, il lui tend les bras :

— Eh bien ! eh bien ! ce n'est donc plus comme autrefois ?

— Oh ! dit-elle, je n'oserais plus, monsieur le comte.

— Et pourquoi donc cela, madame la comtesse ?

— Noël !

— Oui, Noël !... Celui que tu protégeais, que tu guidais, veillant sur lui, pensant pour lui, parlant pour lui... Il pense et il parle maintenant... Ingrate ! Est-ce que tu ne te souviens plus que j'attendais ma fiancée... ma femme !

Et, le visage resplendissant de joie, il l'étreignait sur son cœur.

— Bravo ! fit le prince ; nous ferons les deux mariages le même jour.

Puis, se tournant vers le colonel Bernard, il attendit.

— Valentine, dit Jacques, voulez-vous me donner votre main, mon enfant ?... c'est pour la mettre dans celle de Jean-Baptiste.

Avec un divin sourire elle obéit.

Jean-Baptiste, éperdu, chancelant, vint tomber à ses pieds.

Jacques et Madeleine levaient en même temps les yeux vers le ciel.

— Pierre, murmurait celle-ci, mon pauvre Pierre, es-tu content ?

— André, disait celui-là, regarde !

. . . .

Tout dernièrement, quelques jours après l'ouverture du square des buttes Chaumont, le colonel Jacques Bernard, presque centenaire, visitait cette magnifique promenade, qui devait lui rappeler tant de souvenirs.

Il avait pour compagnon, pour soutien, Barnabin Humbert qui lui disait :

— Oui, colonel, on ramasse toujours des rôdeurs de nuit dans les carrières d'Amérique... Oui, père Jacques... Il y a encore des misérables, mais ils sont déjà moins nombreux, moins redoutables que de notre temps. Tout se transforme et s'améliore. Regardez ces chemins gracieusement dessinés à travers ces pelouses vertes. C'étaient autrefois des fondrières et des halliers. Un coupe-gorge alors, un enfer... Maintenant un jardin, un paradis. Ayons foi dans la science et dans le progrès, père Jacques... Il en sera de la misère et de l'ignorance comme il en est des buttes Chaumont.

FIN

TABLE DES CHAPITRES

Emile Colin. — Imprimerie de Lagny.

AUTEURS CÉLÈBRES (*suite*)

6e SÉRIE.

Nos 51. CAMILLE FLAMMARION, **Rêves étoilés.**
52. Mme J. MICHELET, **Mémoires d'une Enfant.**
53. THÉOPHILE GAUTIER, **Avatar.** — *Fortunio.*
54. CHATEAUBRIAND, **Atala.** — *René, Dernier Abencérage.*
55. IVAN TOURGUENEFF, **Récits d'un Chasseur.**
56. L. JACOLLIOT, **Le Crime du Moulin d'Usor.**
57. P. BONNETAIN, **Marsouins et Mathurins**
58. A. DELVAU, **Mémoires d'une Honnête Fille.**
59. RENÉ MAIZEROY, **Vavaknoff.**
60. GUÉRIN-GINISTY, **La Fange.**

7e SÉRIE.

Nos 61. ARSÈNE HOUSSAYE, **Madame Trois-Etoiles.**
62. CHARLES AUBERT, **La Belle Luciole.**
63. MIE D'AGHONNE, **L'Ecluse des Cadavres.**
64. GUY DE MAUPASSANT, **L'Héritage.**
65. CATULLE MENDÈS, **Monstres parisiens** (nouvelle série).
66. CH. DIGUET, **Moi et l'Autre** (Ouvrage couronné).
67. L. JACOLLIOT, **Vengeance de Forçats.**
68. HAMILTON, **Mémoires du Chevalier de Grammont.**
69. MARTIAL MOULIN, **Nella.**
70. CHARLES DESLYS, **L'Abîme**

8e SÉRIE.

Nos 71. FRÉDÉRIC SOULIÉ, **Le Lion amoureux.**
72. HECTOR MALOT, **Les Amours de Jacques.**
73. EDGAR POË, **Contes extraordinaires.**
74. EDOUARD BONNET, **La Revanche d'Orgon.**
75. THÉO-CRITT, **Le Sénateur Ignace.**
76. ROBERT-HALT, **Brave Garçon.**
77. JEAN RICHEPIN, **Les Morts bizarres.**
78. TONY RÉVILLON, **Noémi.** — *La Bataille de la Bourse.*
79. TOLSTOÏ, **Le Roman du Mariage.**
80. FRANCISQUE SARCEY, **Le Siège de Paris.**

9e SÉRIE.

Nos 81. HECTOR MALOT, **Madame Obernin.**
82. JULES MARY, **Un coup de Revolver.**
83. GUSTAVE TOUDOUZE, **Les Cauchemars.**
84. STERNE, **Voyage Sentimental.**
85. MARIE COLOMBIER, **Nathalie.**
86. TANCRÈDE MARTEL, **La Main aux Dames.**
87. ALEXANDRE HEPP, **L'Amie de Madame Alice.**
88. CLAUDE VIGNON, **Vertige.**
89. ÉMILE DESBEAUX, **La Petite Mendiante.**
90. CHARLES MÉROUVEL, **Caprice des Dames.**

10e SÉRIE.

Nos 91. Mme ROBERT HALT, **La Petite Lazare.**
92. ANDRÉ THEURIET, **Lucile Désenclos.** — *Une Ondine.*
93. EDGAR MONTEIL, **Jean des Galères.**
94. CATULLE MENDÈS, **Le Cruel Berceau.**
95. SILVIO PELLICO, **Mes Prisons.**
96. MAXIME RUDE, **Une Victime de Couvent.**
97. MAURICE JOGAND (Marc-Mario), **L'Enfant de la Folle.**
98. EDOUARD SIEBECKER, **Le Baiser d'Odile.**
99. VALLERY-RADOT, **Journal d'un Volontaire d'un an.** (Ouvrage couronné par l'Académie française).
100. VOLTAIRE, **Zadig.** — *Candide.* — *Micromégas.*

11e SÉRIE.

Nos 101. CAMILLE FLAMMARION, **Voyages en Ballon.**
102. HECTOR MALOT, **Cara.**
103. EMILE ZOLA, **Nantas.**
104. Mme LOUIS FIGUIER. **Le Gardian de la Camargue.**
105. ALEXIS BOUVIER, **Les Petites Ouvrières.**
106. GABRIEL GUILLEMOT, **Maman Chautard.**
107. JEHAN SOUDAN, **Histoires américaines** (Illustrées).
108. GASTON D'HAILLY, **Fleur de Pommier.**
109. IVAN TOURGUENEFF, **Premier Amour.**
110. OSCAR MÉTÉNIER, **La Chair.**

AUTEURS CÉLÈBRES [illegible]

12e SÉRIE

N° 111. GUY DE MAUPASSANT, Histoire d'une Fille [illegible]
112. LOUIS BOUSSENARD, Aux Antipodes.
113. PROSPER VIALON, L'Homme au Chien [illegible]
114. CATULLE MENDÈS, Pour lire au Couvent.
115. MIE D'AGHONNE, L'Enfant du Fossé.
116. ARMAND SILVESTRE, Histoires folâtres.
117. DOSTOIEWSKY, Ame d'Enfant.
118. EMILE DE MOLÈNES, Palotte.
119. ARSÈNE HOUSSAYE, Les Larmes de Jeanne.
120. ALBERT CIM, Les Prouesses d'une Fille.

13e SÉRIE

N° 121. HECTOR MALOT, Le Mari de Charlotte.
122. EMILE ZOLA, La Fête à Coqueville.
123. CHAMPFLEURY, Le Violon de faïence.
124. A. EXCOFFON, Le Courrier de Lyon.
125. LÉON CLADEL, Crête-Rouge.
126. MAXIME RUDE, Le Roman d'une Dame d'honneur.
127. PIGAULT-LEBRUN, Monsieur Botte.
128. CH. AUBERT, La Marieuse.
129. C. CASSOT, La Vierge d'Irlande.
130. CHARLES MONSELET, Les Ruines de Paris.

14e SÉRIE

N° 131. ALPH. DAUDET, Les Débuts d'un Homme de Lettres.
132. LOUIS NOIR, La Vénus cuivrée.
133. ALPHONSE DE LAUNAY, Mademoiselle Mignon.
134. ALFRED DELVAU, Le grand et le petit Trottoir.
135. MARC DE MONTIFAUD, Héloïse & Abailard.
136. TONY RÉVILLON, L'Exilé.
137. AD. BELOT et E. DAUDET, La Vénus de Gordes.
138. PAUL SAUNIÈRE, Vif-Argent.
139. Mme JUDITH GAUTIER, Les Cruautés de l'Amour.
140. DUBUT DE LAFOREST, Belle-Maman.

15e SÉRIE

N° 141. PAUL ARÈNE, Nouveaux Contes de Noël.
142. ARSÈNE HOUSSAYE, La Confession de Caroline.
143. ALEXIS BOUVIER, Mademoiselle Beau-Sourire.
144. CHARLES LEROY, Le Capitaine Lorgnegrut.
145. L. BOUSSENARD, 10,000 ans dans un bloc de glace.
146. ELIE BERTHET, Le Mûrier blanc.
147. F. CHAMPSAUR, Le Cœur.
148. RENÉ MAIZEROY, Souvenirs d'un Saint-Cyrien.
149. GUÉRIN-GINISTY, Les Rastaquouères.
150. AURÉLIEN SCHOLL, Peines de cœur.

16e SÉRIE

N° 151. CAMILLE FLAMMARION, L'Éruption du Krakatoa.
152. ALEXANDRE DUMAS, La Marquise de Brinvilliers.
153. G. COURTELINE, Madelon, Margot et Cie.
154. CATULLE MENDÈS, Pierre le Véridique, roman.
155. CH. DESLYS, Les Buttes Chaumont.
156. AD. BELOT et J. DAUTIN, Le Secret terrible.
157. GASTON D'HAILLY, Le Prix d'un Sourire.
158. MAXIME DU CAMP (de l'Académie française), Mémoires d'un Suicidé.
159. RENÉ MAIZEROY, La Dernière Croisade.
160. POUCHKINE, Doubrovsky.

CHAQUE VOLUME SE VEND SÉPARÉMENT

PARIS. — IMP. C. MARPON ET E. FLAMMARION, RUE RACINE [illegible]

www.ingramcontent.com/pod-product-compliance
Ingram Content Group UK Ltd.
Pitfield, Milton Keynes, MK11 3LW, UK
UKHW020208250726
13967UKWH00003B/1343